L'ART
DE
TAILLER

Édition Marguerite Montange
Agnès Dumoussaud
Fabrication Jacqueline Harispe
Correction Michel Margotin, Tewfik Allal

Maquette et mise en pages Dominique Gauron
Dessins et couverture Geneviève Lainé
Iconographie Ph. © Georges Truffaut

Responsable d'édition Christian Dorémus

I.S.B.N. 2-04-018404-X
Dépôt légal 1re édition : septembre 1988
Dépôt légal : mai 1994

L'ART DE TAILLER

par

Georges TRUFFAUT
Ingénieur agricole
Lauréat de l'Académie d'Agriculture

ot

Gérard VÉRON
Ingénieur horticole

Dessins et couverture
Geneviève Lainé

Quatorzième édition
entièrement remaniée

BORDAS

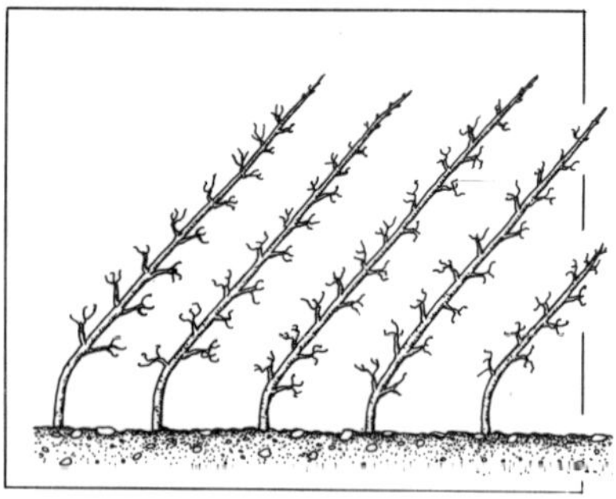

Table des matières

PRÉFACE

Treize éditions successives ont déjà pleinement justifié le succès de *L'Art de tailler les plantes*, et nous nous devons de rendre hommage à Pierre Hampe pour sa collaboration et ses judicieux conseils dispensés dans l'édition originale.

Cette quatorzième édition, entièrement refondue et actualisée en fonction de l'évolution des jardins d'amateur depuis plusieurs décennies, n'en garde pas moins son côté pédagogique par le rappel des méthodes de taille qui ont marqué certaines époques.

En raison de la complexité du sujet, ce pouvait être une gageure de vouloir un ouvrage tout à la fois simple, pratique et technique.

Nous espérons néanmoins avoir atteint notre but.

Gérard VÉRON

Fig. 1. L'un des principaux objectifs de la taille : la production de beaux fruits. Ici une palmette Verrier en plein rapport.

L'ART DE TAILLER

Souvent méconnue dans ses principes, la taille est une opération importante à laquelle il est nécessaire de soumettre de nombreux végétaux si l'on veut en avoir le maximum de satisfaction, que ce soit au point de vue esthétique, rendement, beauté de la floraison, etc. Elle est aussi indispensable pour équilibrer la partie aérienne et la partie souterraine d'un arbre ou d'un arbuste lors d'une transplantation.

Au cours des années, diverses méthodes ont été essayées et mises au point par des arboriculteurs d'avant-garde. Certaines, trop sophistiquées et réclamant des soins minutieux, ont été abandonnées et nous ne vous les citerons que pour mémoire. Les autres, en constante évolution pour être adaptées aux nouvelles espèces et variétés introduites sur le marché, facilement applicables, vous seront présentées le plus clairement possible afin que vous puissiez en tirer le meilleur profit.

Il n'en est pas moins vrai que, si la taille est une technique qui s'apprend, elle ne peut être régie par des principes rigoureux et immuables. Elle s'applique en effet à des végétaux soumis aux caprices de la nature et les règles générales doivent être adaptées à chaque cas particulier et à chaque situation. Bien plus qu'une science, la taille est un art et nous avons entrepris de vous y initier.

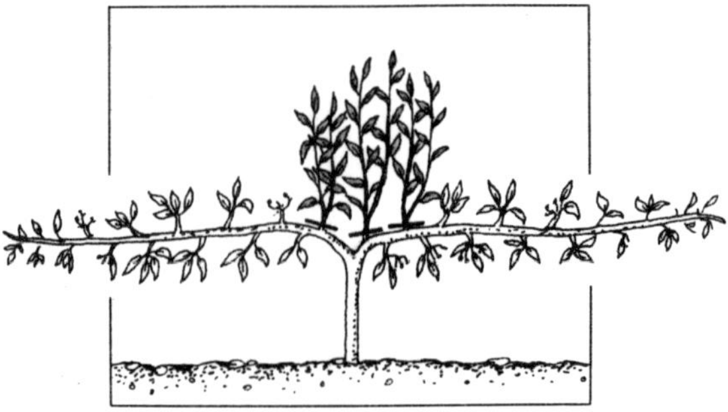

GÉNÉRALITÉS

Dans la nature, les arbres se développent librement, fleurissent et fructifient à leur guise. L'homme a cherché à en tirer le meilleur parti en concentrant la sève sur un nombre restreint de branches.

Essentiellement empirique à l'origine, la taille est devenue de plus en plus précise, technique, et, des arbres fruitiers, elle s'est étendue aux arbres et arbustes d'ornement. Pour être effectuée dans les meilleures conditions possibles, elle requiert un équipement minimum que nous vous décrirons succinctement. Afin de rendre l'exposé plus compréhensible, nous vous présenterons ensuite un petit lexique des termes utilisés en arboriculture fruitière.

Nous en viendrons naturellement à la description des différentes tailles : plantation, formation, fructification, entretien et restauration ; nous vous rappellerons les diverses méthodes appliquées aux essences fruitières. Cela nous amènera à vous expliciter la taille spécifique des principales espèces que vous pouvez cultiver dans votre jardin et nous aborderons le délicat problème du greffage.

Puis un chapitre sera consacré à la taille des végétaux d'ornement, trop souvent négligés. Nous traiterons en particulier de la taille des haies et des plantes grimpantes.

Enfin, nous étudierons particulièrement la taille des Rosiers, qui constituent un élément essentiel de décoration des jardinets modernes, et nous terminerons par la taille qui s'impose à quelques-unes de nos plantes potagères.

NÉCESSITÉ DE LA TAILLE

Le but principal de la taille est d'équilibrer l'ensemble des parties aériennes et le système racinaire des végétaux afin d'avoir une végétation régulière et homogène. Tailler, c'est retrancher à un arbre ou arbuste certains organes, certaines branches pour chercher à obtenir certains résultats.

En arboriculture fruitière, la taille a pour objet :

1° de dégager les branches charpentières de telle sorte que l'air et la lumière pénètrent bien l'arbre pour qu'il ait une végétation vigoureuse ;

2° de supprimer toute la végétation inutile de telle sorte que la plus grande partie de la sève aille aux boutons à fruits et, plus tard, aux fruits ;

3° d'obtenir une fructification en rapport avec le sol, le climat...

En arboriculture ornementale, la taille est souvent imposée par la nécessité de maintenir les végétaux à un volume raisonnable, compatible avec l'emplacement qui leur est réservé, mais il y a de nombreuses autres contraintes selon qu'il s'agisse d'un arbuste à feuillage décoratif, d'un arbuste à floraison ornementale printanière, d'un arbuste à floraison ornementale estivale, etc.
Dans tous les cas, pour qu'une taille soit bien exécutée, il faut qu'elle repose sur les données de la physiologie végétale ; nous nous attacherons à vous les préciser.

L'OUTILLAGE DE BASE

Nous nous bornerons ici à ne citer que les outils indispensables à l'amateur. Ils se trouvent aisément sur le marché et l'essentiel est de les choisir de bonne qualité. Vous en assurerez l'entretien afin de les maintenir en bon état.

Le sécateur

C'est l'instrument le plus utilisé, mais il n'est pas toujours tenu correctement. Des deux pièces formant cisaille, une seule est coupante. L'autre prend appui sur le rameau à couper et mortifie les tissus. Le sécateur doit donc être tenu de telle sorte que la lame se trouve du côté du rameau à conserver pour obtenir une coupe nette, sans écrasement du bois.

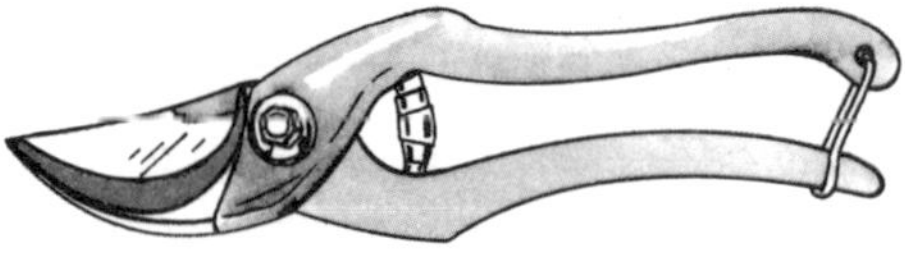

Fig. 2. Sécateur. L'outil de base pour la taille.

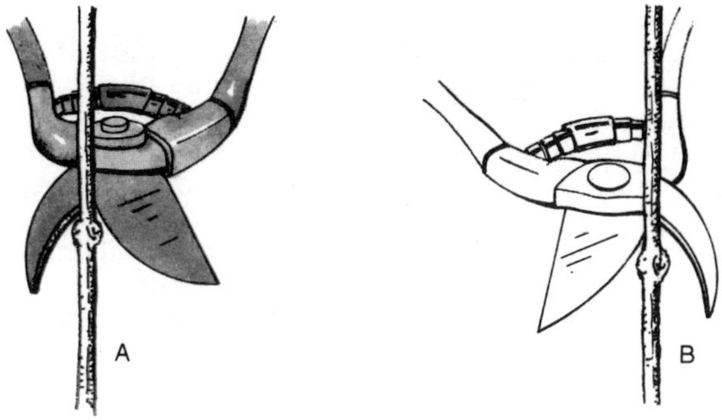

Fig. 3. Comment tenir le sécateur.
A - Mauvais — B - Bon

Il vous faudra observer certains principes pour obtenir une coupe correcte et éviter bien des déboires.
La coupe A est mauvaise, car l'écoulement de sève par la plaie de taille et le bourrelet de cicatrisation vont contrarier le développement du bourgeon.
La coupe B est faite trop près de l'« œil », qui, insuffisamment alimenté, va s'atrophier.
La coupe C est faite trop loin du dernier bourgeon. N'ayant plus de « tire-sève », la partie supérieure du rameau va s'atrophier, se nécroser et favoriser ainsi l'installation de maladies ou l'hébergement de parasites animaux.
Enfin, la coupe D est correcte.

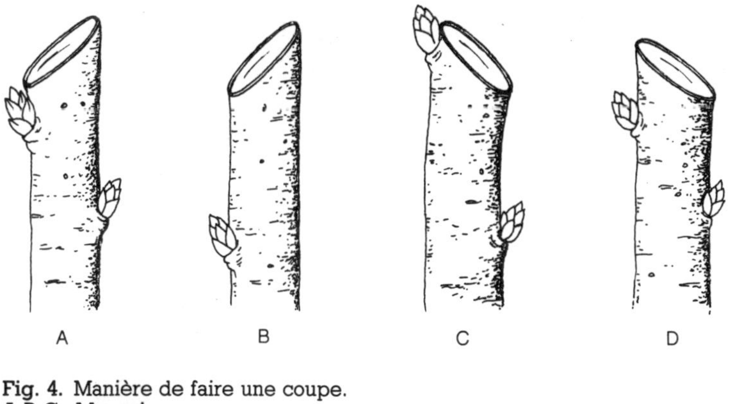

Fig. 4. Manière de faire une coupe.
A-B-C - Mauvaises coupes.
D - Coupe correcte.

La serpette

C'est un outil à lame tranchante, courte et effilée. Il en existe des modèles plus ou moins forts avec manche pliant ou non.
La serpette doit toujours être parfaitement affûtée pour donner une coupe très nette, de cicatrisation facile. Peu employée pour la taille proprement dite, elle sert surtout à parer les plaies exécutées à la scie, c'est-à-dire à les rendre lisses en retirant un ou deux millimètres de bois. En opérant ainsi, on limite beaucoup les risques d'infection par les champignons parasites du bois. Les plaies ainsi parées sont d'ailleurs recouvertes ensuite de mastic fluide antiseptique.

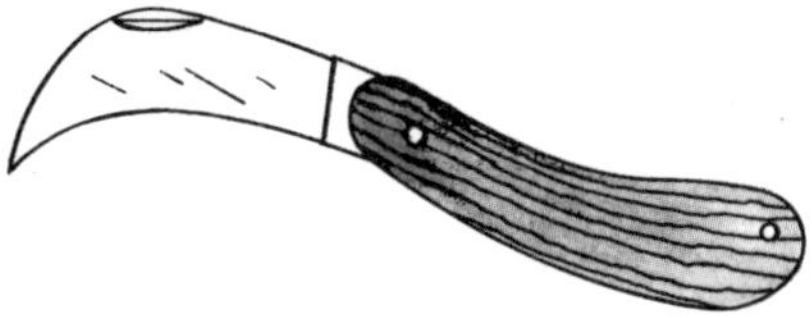

Fig. 5. Serpette.

La scie égoïne

Un modèle à lame relativement étroite et légèrement arquée est recommandé pour l'arboriculture.
La scie égoïne sert à couper des branches trop grosses pour le sécateur, que ce soit pour équilibrer un arbre, supprimer un rameau mort, ou encore éclaircir une touffe arbustive trop proliférante. Le bon fonctionnement d'une scie exige que la lame soit absolument lisse et exempte de rouille. Il convient donc de la nettoyer soigneusement après chaque usage et de la graisser légèrement.

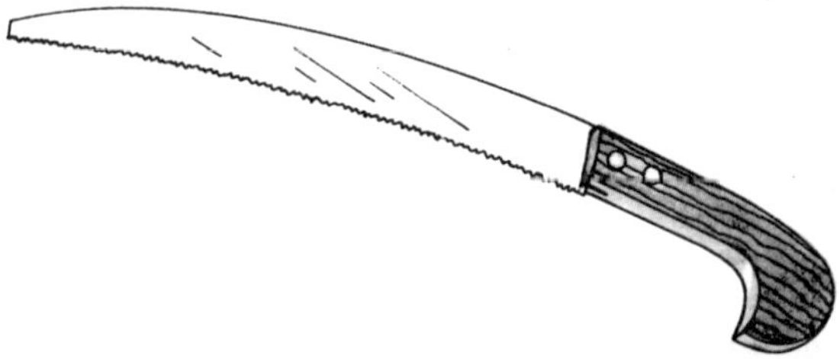

Fig. 6. Scie égoïne d'arboriculteur.

Le greffoir

En dehors du greffage proprement dit, le greffoir est utilisé pour des opérations délicates exigeant une coupe absolument nette. Il peut aussi servir pour les pincements et autres opérations d'été, pour le nettoyage des plaies peu importantes, etc.

Fig. 7. Greffoir à spatule (ou écussonnoir).

Le sécateur de force (ou sécateur à deux mains)

C'est un énorme sécateur muni de deux longs manches, et qui permet de couper des branches de moyenne grosseur (éclaircissage de touffes d'arbustes, suppression de branches mal placées ou superflues, etc.). A chaque fois que cela est possible, il faut le préférer à la scie égoïne, car les plaies, bien plus nettes, se cicatrisent aisément.

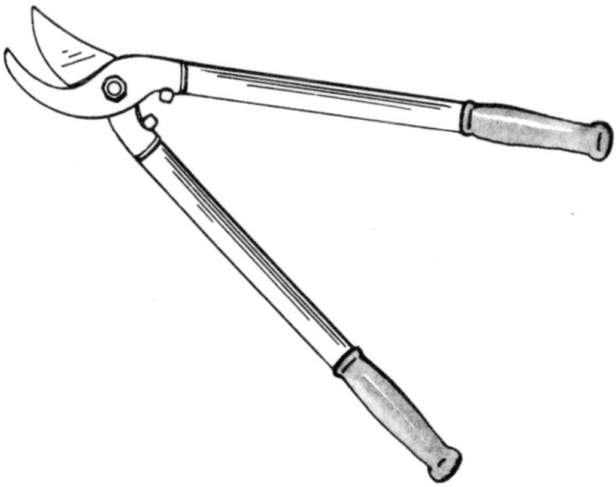

Fig. 8. Sécateur de force.

La cisaille à haie

Le maniement de cet outil, indispensable pour tailler les haies, demande une certaine habitude, mais vous serez vite récompensé de votre apprentissage lorsque vous admirerez la netteté de votre haie de troènes ou de thuyas.
Pour éviter un travail long et fastidieux avec le modèle à main, il a été mis au point différents modèles de cisailles à moteur électrique ou à essence appelés « taille-haies ». Ils permettent de procéder plus rapidement, mais sachez que ce n'est qu'après quelques tentatives plus ou moins heureuses que vous parviendrez à un bon résultat.

L'échenilloir

C'est une sorte de grand sécateur fixé au bout d'une perche en bois ou en métal de 3 à 4 m de longueur. On l'actionne à distance en tirant une cordelette ; il sert surtout à raccourcir les branches des arbres de plein vent.

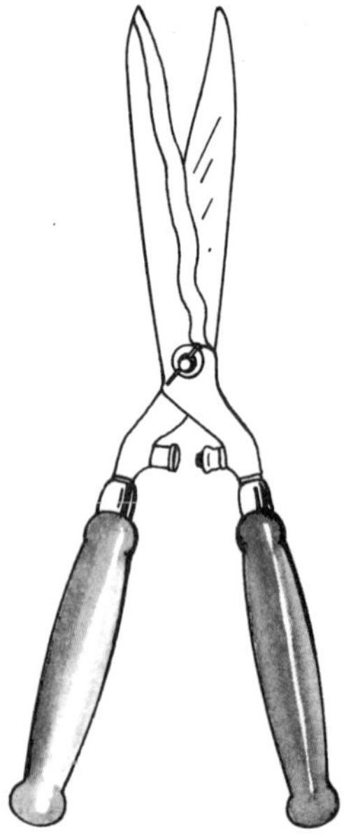

Fig. 9. Cisaille à haie.

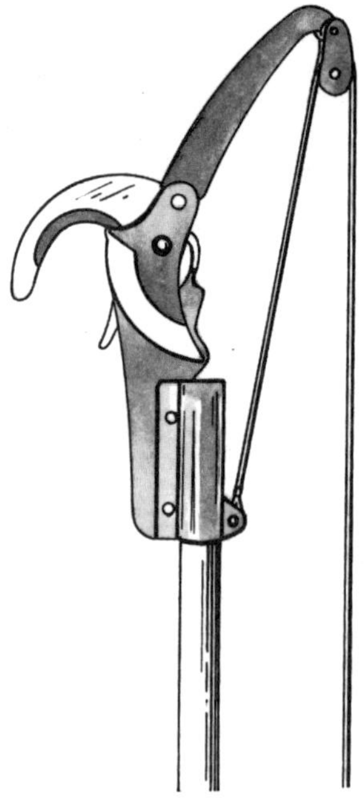

Fig. 10. Échenilloir.

LES TERMES TECHNIQUES

Après la présentation de cette panoplie d'outillage, il nous a paru nécessaire de vous donner la définition de quelques mots couramment employés dans le langage des arboriculteurs et que vous retrouverez au fil des différents chapitres de cet ouvrage.

Anticipée
Se dit d'une jeune pousse qui apparaît, à l'aisselle d'une feuille, sur une pousse de l'année.

Aoûté
Se dit d'un jeune rameau bien lignifié, bien « mûr », par opposition aux rameaux venus en arrière-saison, qui souvent restent mous et mal constitués.

Appelle-sève, voir Tire-sève.

Ballveau
Jeune arbre à haute-tige dont la tête (ou couronne) n'est pas encore constituée.

Basse-tige
Se dit d'un arbre dont le tronc a moins de 1 m de hauteur, par opposition à la haute-tige qui atteint 1,80 m à 2 m.

Bouquet
Rameau court portant des fleurs ou des fruits. Le terme s'emploie surtout à propos des arbres à noyaux ; il correspond à la « lambourde » des arbres à pépins.

Bourgeon
Jeune pousse qui donnera les feuilles ou les fleurs.

Bourgeon anticipé
Pousse secondaire née sur une pousse de l'année. On dit aussi : pousse anticipée, faux bourgeon, prompt bourgeon, entre-cœur.

Bourse
Renflement qui, chez le Poirier et le Pommier, se produit sur les

tiges aux points d'insertion des fruits. Ce renflement reste visible plusieurs années et sert souvent de point de départ aux nouvelles productions fruitières.
Voir figure 11.

Bouton à fruits
Bouton donnant naissance à une ou plusieurs fleurs et morphologiquement différent d'un œil à bois.
Voir figure 12.

Branches de charpente
Branches qui constituent la partie solide, pour ainsi dire le squelette de l'arbre.

Brindille
Rameau grêle, de 5 à 15 cm de longueur, produisant facilement un bouton à fruit, soit à son extrémité (arbre à pépins), soit latéralement.

Cep
Synonyme de pied de vigne.

Cépage
Synonyme de variété dans le cas de la Vigne.

Cépée
Touffe formée par des tiges ou rejets sortant de la souche d'un arbre coupé, c'est-à-dire sans qu'il y ait de tige principale ou tronc.

Chiffonne
Rameau grêle qui, chez le Pêcher, se trouve ne porter que des boutons floraux et un œil à bois à son extrémité (un œil à bois peut aussi exister exceptionnellement à la base).

Contre-espalier
Installation fruitière consistant en une ligne d'arbres palissés, mais sans être adossés à un mur.

Cordon
Arbre fruitier à une seule tige portant de petites branches latérales, ou coursonnes. (Voir « La taille de formation : les formes palissées » p. 43.)

Courson
Synonyme de coursonne dans le cas de la Vigne.

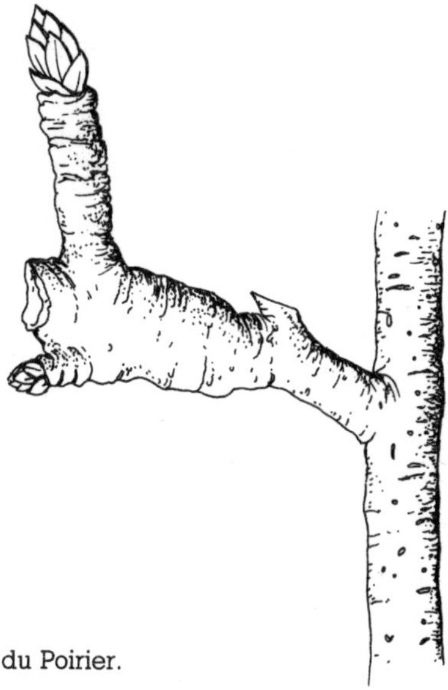

Fig. 11. Bourse du Poirier.

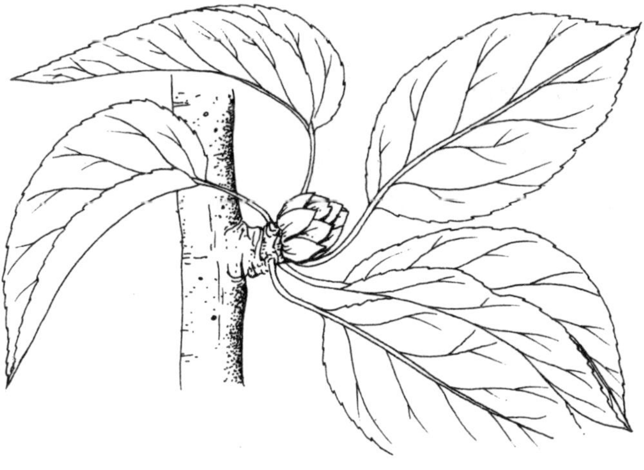

Fig. 12. Bouton à fruit. Sa forme arrondie est caractéristique.

Coursonne

Branche courte portant les organes fructifères (boutons à fleurs).

Dard

Rameau très court, terminé par un œil à bois qui est entouré d'une rosette de feuilles. Le dard n'existe que sur les arbres à pépins (Poirier et Pommier).

Fig. 13. Dard. Œil à bois pointu.

Débourrement

Éclatement des bourgeons au printemps. Ce phénomène a été particulièrement étudié, surtout pour le Pommier et le Poirier, par un chercheur de l'I.N.R.A. : Fleckinger. Il en a défini avec précision tous les stades et ses appellations servent de références, notamment pour les traitements en cultures industrielles et commerciales.

Demi-tige

Se dit des arbres conduits sur une tige d'environ 1 m de hauteur, par opposition aux arbres à haute-tige qui ont de 1,80 m à 2 m.

Drageon

Pousse née souterrainement sur les racines ou les rhizomes.

Éborgnage

Suppression d'un œil avec l'ongle ou au greffoir.

Ébourgeonnement
Suppression des bourgeons et des pousses inutiles au printemps.

Empattement
Point d'attache d'un rameau sur la branche.

Entre-nœud
Portion de rameau comprise entre deux feuilles successives, ou entre deux nœuds.

Espalier
Rangée d'arbres fruitiers adossés à un mur.

Étage
Se dit d'un groupe de branches insérées en un même point de la tige principale.

Faux bourgeon
Synonyme de pousse anticipée.

Flèche
Partie terminale de la tige d'un arbre. Se dit aussi de la tige principale ou pivot d'un arbre.

Franc
Arbre obtenu par semis, par opposition à arbre greffé.

Fuseau
Forme d'arbre comportant un axe vertical. (Voir « La taille de formation : les formes de plein vent », p. 56.)

Gobelet
Forme d'arbre se rapprochant du fuseau mais sans axe central.

Gourmand
Rameau très vigoureux, se développant au détriment des organes voisins.

Greffon
Portion de végétal que l'on implante par greffage sur le sujet.

Habillage des racines
Opération qui consiste à supprimer les parties blessées, ou à refaire les coupes, avant la plantation.

Haute-tige
Arbre de plein vent formé sur tige de 1,80 m à 2 m et plus.

Jet
Jeune tige vigoureuse prenant naissance sur la souche.

Lambourde
Terme employé à propos des arbres à pépins pour désigner un organe (dard ou brindille) ayant évolué en bouton à fleurs.

Ligature
Attache faite à l'osier ou par tout autre moyen. Alors que les systèmes d'attaches à base de fibres végétales ou artificielles ne posent en général aucun problème, l'attache à l'aide d'osier, qui a encore ses adeptes — quand on a la chance d'en avoir à sa disposition —, pour maintenir des branches d'une certaine importance, demande un minimum d'adresse. Nous avons illustré les différentes phases de l'opération pour mieux l'expliciter.
Avant de commencer à tordre les brins ensemble, il faut bien tirer sur les deux extrémités du lien afin de rapprocher le tuteur du sujet. C'est alors qu'on tord les brins ensemble, puis le gros bout de l'osier est recourbé et un peu arqué sous la torsade où il se maintient par suite de l'effort de déroulement. Ce gros bout doit bien entendu être assez long pour aller prendre appui sur la tige. Quant au petit bout, on le coupe au sécateur à 1 cm de la torsade.
Voir figure 14.

Long-bois
Sarment de vigne ou rameau conservé lors de la taille avec un grand nombre d'yeux, afin d'augmenter la production.

Mastic à greffer
Mastic spécial servant à recouvrir les coupes des greffes. Un bon mastic doit être assez mou pour s'employer à froid, mais ne pas fondre au soleil. Il doit coller facilement aux tissus humides et ne pas être de couleur foncée.

Œil
C'est le bourgeon des horticulteurs. L'œil est le plus souvent situé à l'aisselle d'une feuille. L'œil principal est toujours accompagné de deux yeux qui restent peu apparents, appelés « yeux stipulaires ».
En général, ceux-ci ne se développent qu'en cas d'accident survenant à l'œil principal.
Voir figure 15.

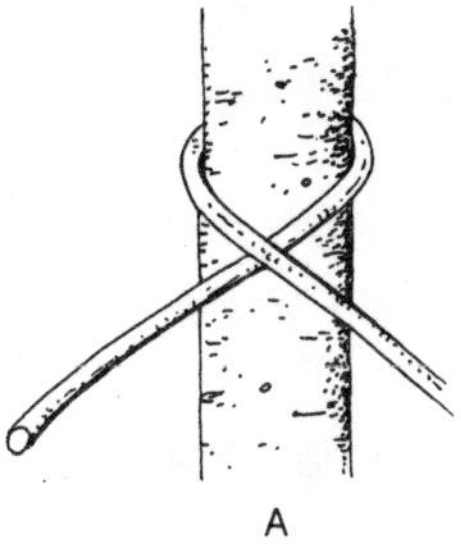

A - Mise en place du brin d'osier.

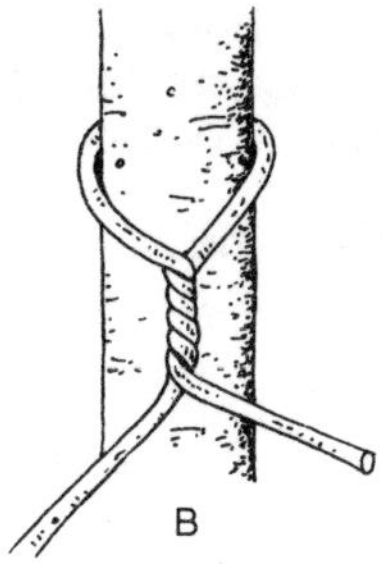

B - Torsade.

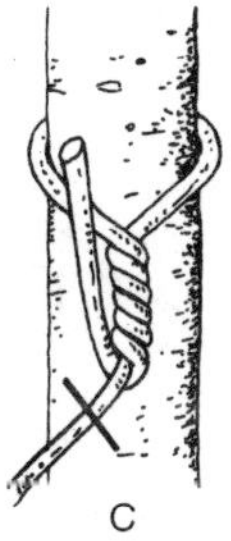

C - Blocage de la torsade.

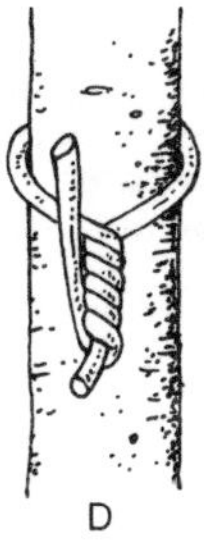

D - Ligature terminée.

Fig. 14. Ligature à l'osier. Les différentes phases de l'opération.

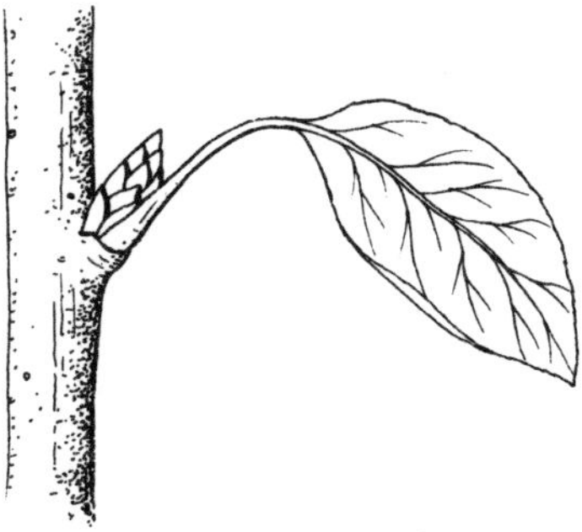

Fig. 15. Œil à bois à l'aisselle d'une feuille.

Œil à bois
Œil censé évoluer en rameau à bois à moins que, sous l'effet de la taille, il évolue en bouton à fleurs.

Œil franc
Se dit d'un œil bien accusé, dont le développement est certain.

Œil latent
Œil invisible ou peu visible, néanmoins susceptible de donner une pousse.

Onglet
Portion de rameau conservée comme tuteur au-dessus d'une pousse.

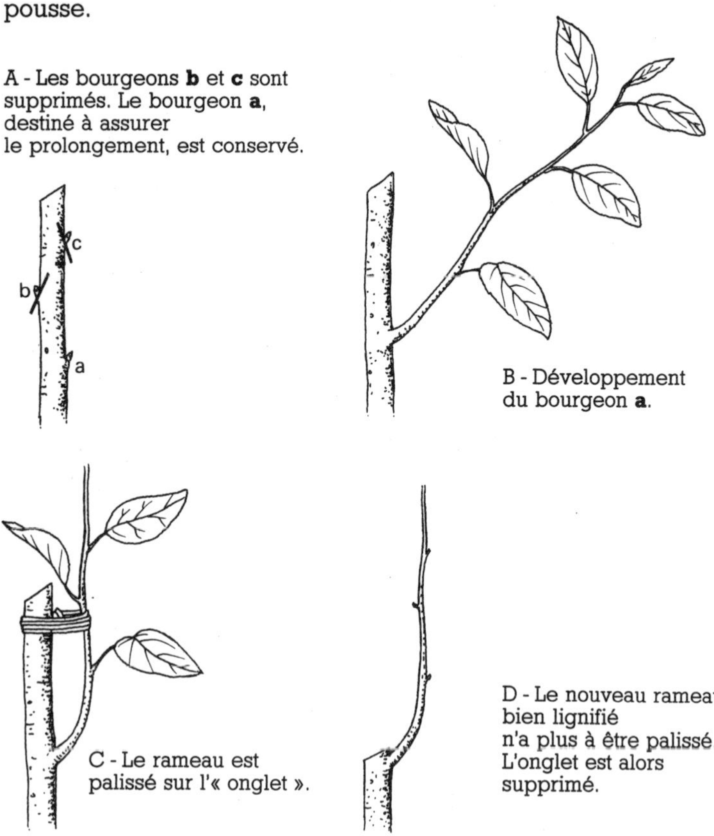

A - Les bourgeons **b** et **c** sont supprimés. Le bourgeon **a**, destiné à assurer le prolongement, est conservé.

B - Développement du bourgeon **a**.

C - Le rameau est palissé sur l'« onglet ».

D - Le nouveau rameau bien lignifié n'a plus à être palissé. L'onglet est alors supprimé.

Fig. 16. Palissage sur onglet.

Palisser
Attacher les tiges ou rameaux sur les tuteurs ou treillages.

Palmette
Forme plate donnée à un arbre destiné à être cultivé en espalier ou contre-espalier.

Pampres
Jeunes sarments verts de la Vigne.

Pincement
Opération qui consiste à enlever l'extrémité d'une pousse en végétation.

Pousse anticipée
Pousse secondaire développée sur une pousse principale de l'année (synonyme de bourgeon anticipé).

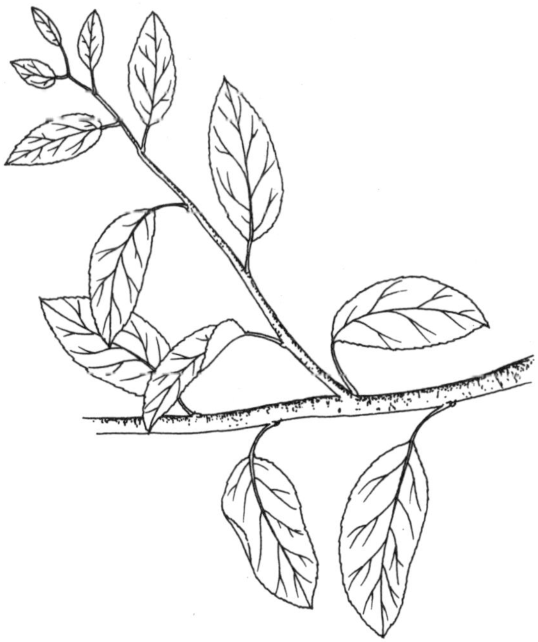

Fig. 17. Pousse anticipée.

Prolongement
Rameau terminant une branche de charpente et permettant de l'allonger.

Rabattre
Couper au-dessous d'une partie jugée inutile.

Rameau à bois
Rameau ne portant pas de boutons à fleurs, et possédant une certaine vigueur.

Rameau anticipé
Synonyme de pousse anticipée.

Rameau mixte
Rameau comportant à la fois des yeux à bois et des boutons à fleurs (Pêcher).

Ravalement
Élagage sévère ayant pour but de reconstituer la presque totalité de la charpente d'un arbre.

Recéper
Couper un arbre à peu de distance du pied, afin de refaire complètement la charpente.

Remontant
Se dit d'un végétal qui, après avoir fleuri ou fructifié une première fois, donne en fin d'été une deuxième floraison ou fructification. Exemple : Rosiers remontants, Framboisiers remontants. (Ne pas confondre avec « grimpant ».)

Rhizome
Tige souterraine, qui émet de place en place des tiges aériennes, comme chez le Framboisier.

Rides
Plis que l'on observe sur l'écorce au point de départ d'un rameau. Il s'y trouve souvent des yeux latents.

Rogner
Couper l'extrémité d'une pousse. Se dit surtout en viticulture.

Scion
Arbre greffé en pied depuis un an et ne présentant par conséquent qu'un seul rameau.

Souche
Partie de la tige située sous terre. Terme également employé comme synonyme de pied de vigne.

Sujet
Plant sur lequel on pose une greffe. Synonyme de porte-greffe.

Surgreffage
Greffage d'un végétal déjà greffé.

Taille en vert
Taille exécutée pendant la végétation. Se distingue du pincement par le fait qu'elle porte sur du bois de l'année précédente.

Talon
Point d'attache d'un rameau sur un autre rameau. Un peu synonyme d'« empattement », mais se dit surtout à propos du bouturage : bouture avec talon.

Tête de saule
Amas de pousses vigoureuses nées sur un même emplacement.

Tire-sève (ou appelle-sève)
Pousse que l'on conserve en un point donné, par exemple à proximité d'un fruit, afin d'entretenir en ce point une certaine vitalité.

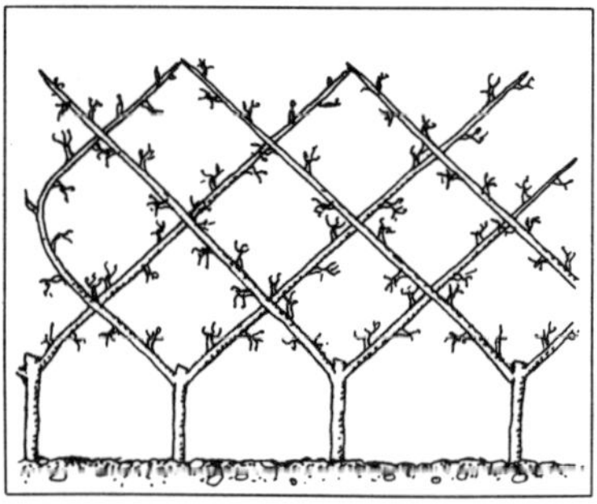

LES DIFFÉRENTES TAILLES

Ce titre peut surprendre les non-initiés qui ne parlent que de « la taille » en général, mais les principes de taille sont adaptés aux différentes phases de la vie d'un végétal en fonction des résultats à obtenir.
La première étape se situe à la plantation, puis vient le stade important de la formation, et c'est ensuite la taille de fructification ou de mise à fleurs pour les arbres et arbustes d'ornement.

LA TAILLE DE PLANTATION

Plus ou moins controversée, la taille de plantation n'a qu'un seul but : assurer la reprise.
La présentation des végétaux en conteneurs, qui se développe de plus en plus, supprime pratiquement tous les aléas de reprise, mais bon nombre d'arbres fruitiers, de Rosiers et d'arbustes à feuillage caduc sont encore transplantés à racines nues, ce qui implique inévitablement la mort de toutes les jeunes racines. L'arbre, une fois mis en place, devra donc reconstituer entièrement un système de radicelles adaptées au nouveau milieu dont il dispose.
Circonstance aggravante, les racines principales sont le plus souvent fortement raccourcies lors de l'arrachage. Les pépiniéristes trouvent dans cette façon de faire une certaine économie de main-d'œuvre, et une plus grande facilité d'emballage. Quant aux acheteurs, la plupart d'entre eux se préoccupent presque uniquement de l'envergure des branches de l'arbre qu'ils achètent, pensant gagner ainsi un an ou deux sur la formation. Ils oublient que le développement ultérieur des branches sera conditionné par le développement du système radiculaire, mais non l'inverse, et que l'arbre insuffisamment pourvu de racines risque de ne pas reprendre.
Beaucoup de planteurs oublient aussi que les racines portant des blessures doivent être raccourcies ou supprimées, afin d'éviter

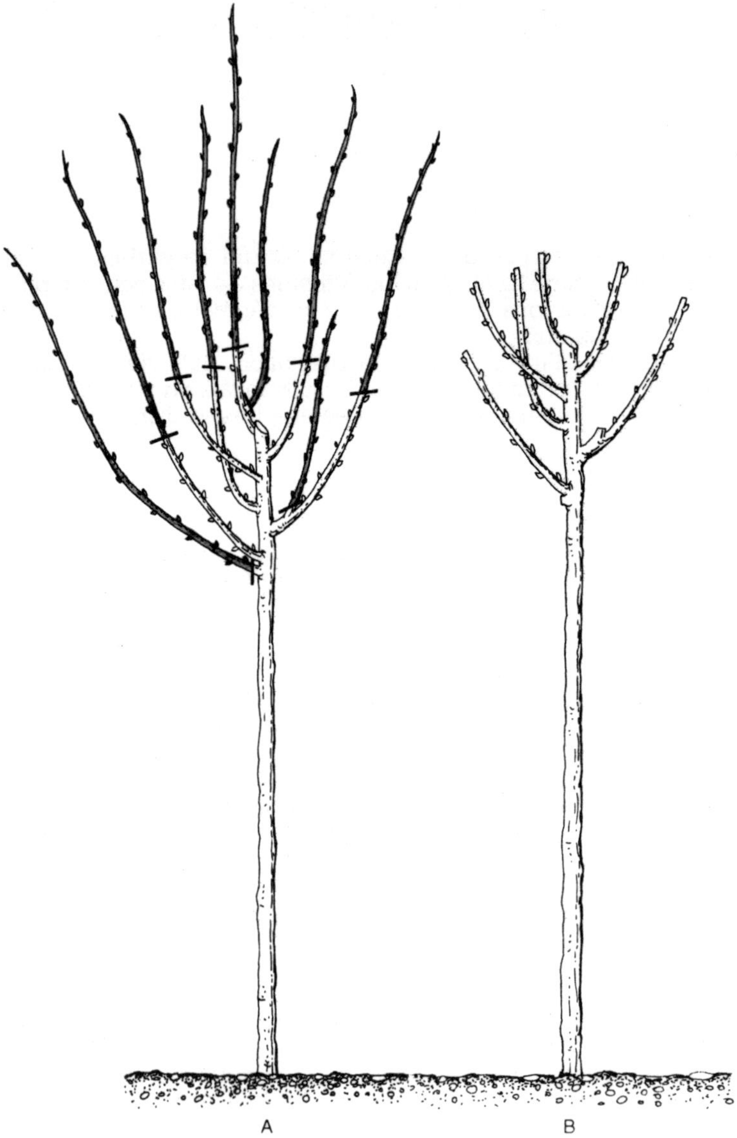

Fig. 18. Taille de plantation d'un arbre sur tige.
A - Arbre provenant de pépinière.
B - Arbre taillé. La tête de l'arbre (en coursonne) doit être proportionnée aux racines.

le développement du pourridié (maladie cryptogamique grave entraînant la mort de l'arbre).
Un autre facteur de reprise tient à l'état de préparation du sol. Si celui-ci est meuble et riche en humus, il conservera la fraîcheur et entrera en contact intime avec les racines, facilitant ainsi la sortie du chevelu, et diminuant les risques de dessèchement. On obtiendra le meilleur résultat en préparant le sol assez longtemps à l'avance.
Enfin, les chances de reprise sont d'autant plus grandes que le dessèchement des parties aériennes est moins à craindre. Ce dessèchement est évidemment plus probable en situation ensoleillée qu'à l'ombre et dépend aussi du plus ou moins grand développement des branches, lesquelles évaporent l'eau non seulement par les feuilles qu'elles portent, mais aussi à travers leurs écorces. Comme les racines de l'arbre nouvellement planté n'absorbent que très peu d'eau, on voit qu'il peut y avoir déficit de liquide, et que ce déficit doit être comblé, soit par des bassinages répétés, soit par la suppression ou le raccourcissement de certaines branches.

En résumé, nous conclurons qu'il faut conserver aux racines une longueur suffisante mais qu'il est inutile de garder les très fines radicelles qui meurent lorsque la transplantation se fait à racines nues.
La taille à la plantation diminue les risques de dessèchement et il faut tenir compte des circonstances locales (exposition, hygrométrie, sol, etc.) pour la pratiquer à bon escient.

La durée de reprise. Un végétal peut être considéré comme ayant repris lorsque les nouvelles radicelles, munies de poils absorbants, ont acquis un développement suffisant pour déterminer une poussée de sève et un accroissement normal des branches. Compte tenu des conditions locales (terrain, humidité, etc.), on peut constater que la reprise est plus ou moins rapide selon les espèces.
Les Poiriers et les Pommiers, par exemple, poussent peu, ou pas du tout, l'année de la plantation. Il en est de même pour quelques arbres d'ornement, par exemple l'Acacia, le Platane, le Tilleul.
Les Pêchers, au contraire, semblent à peine souffrir d'une transplantation bien faite, et il en est de même pour les Groseilliers ainsi que pour la plupart des arbustes d'ornement.
Les Rosiers ont une reprise plus ou moins rapide, suivant les conditions d'environnement. Il en est de même pour les Pruniers, les Cerisiers et beaucoup d'arbres d'ornement.
Lorsque la végétation est à peine ralentie par la transplantation, par exemple pour les Pêchers, il est évident que la taille doit avoir lieu l'hiver de la plantation comme à l'habitude.

Lorsque la reprise est très lente, l'arbre peut être considéré comme perdant une année, et n'être taillé que l'année suivante : c'est ce que l'on fait généralement pour les Poiriers et Pommiers, mais cette pratique est critiquable, car, du fait même que la reprise est lente, il y aurait utilité à réduire par la taille l'importance des branches, surtout lorsque les conditions locales favorisent le dessèchement. Toutefois, cette taille de première année devra être moins sévère que la taille normale pour ne pas contrarier la formation de la charpente.

Conclusion. La diversité des situations, le nombre des espèces considérées et la multiplicité des cas possibles vous montrent déjà que la taille ne peut être régie par des lois rigoureuses, mais le résumé suivant vous aidera à vous y retrouver :

— Les Pommiers et Poiriers en scions, ou en petites palmettes de 2 à 3 ans, ne seront pas taillés la première année. Les Pommiers et Poiriers en formes plus importantes auront leurs pousses un peu raccourcies à la plantation et une taille plus radicale pourra être effectuée l'année suivante. En revanche, s'ils sont transplantés dans des conditions extrêmement favorables (racines intactes, sol frais et meuble, arrosages possibles), on pourra leur appliquer la taille normale.

— Les Pommiers et Poiriers de plein vent (hautes-tiges et demi-tiges) subiront au moment de la plantation un rabattage de leur tête destiné à maintenir l'équilibre entre la partie aérienne et le système radiculaire. On raccourcira d'environ un tiers les branches d'arbres munis de bonnes racines et, plus sévèrement, celles des arbres moins bien pourvus.

— Les arbres fruitiers à noyaux de toutes formes seront taillés normalement l'année de la plantation.

— Les Rosiers grimpants seront raccourcis. Les Rosiers nains ou sur tige seront taillés normalement. En cas de plantation à l'automne, la taille ne s'effectuera qu'au printemps suivant, surtout dans les régions à hivers rigoureux.

— Les arbres et arbustes d'ornement, de reprise difficile ou se trouvant dans de mauvaises conditions (sol mauvais ou sec, plantation tardive, etc.), devront être taillés plus ou moins sévèrement à la plantation.
Beaucoup d'arbustes, de reprise facile, pourront être dispensés de cette taille (Berberis, Cratægus, Deutzia, Hydrangea, Lilas, Spirée, Sureau, Symphorine, etc.).

Les arbustes à végétation précoce et gélifs ne seront taillés qu'à la fin de l'hiver.

D'une manière générale, on ne taille pas à la plantation les Conifères, y compris ceux destinés à former des haies (Thuyas, Ifs). De même, on ne taille pas les Rhododendrons.

N.B. Il faut éviter, en taillant, de faire de grosses plaies sur les arbres nouvellement plantés, car leur cicatrisation ne se fera qu'après la reprise de la végétation active. Si toutefois une coupe importante s'impose, vous mastiquerez soigneusement la plaie afin d'empêcher tout risque d'infection parasitaire.

Enfin, sachez que la taille s'effectue en général l'hiver, mais elle ne doit pas avoir lieu par temps de gel pour éviter l'éclatement du bois. Il n'y a pratiquement pas de différence entre les tailles effectuées pendant le repos de la végétation de novembre à mars, mais, dans les régions à hivers rudes (pays de montagne, est de la France), il est préférable de ne tailler qu'en fin d'hiver. Vous vous abstiendrez également de tailler sous la pluie, car les plaies de taille auraient du mal à se cicatriser et elles risqueraient alors de favoriser le développement de diverses maladies.

Après une première partie commune aux différents végétaux, nous avons séparé, pour plus de clarté dans les exposés, la taille des arbres et arbustes fruitiers et celle des arbres et arbustes d'ornement.

La taille des arbres fruitiers

C'est un chapitre extrêmement important, en raison de son intérêt économique, car rien n'est plus légitime que de vouloir récolter un maximum de beaux fruits sur l'arbre que l'on aura planté et choyé pendant plusieurs années.
Les arbres fruitiers à pépins et ceux à noyaux se taillant différemment, nous les étudierons séparément et, dans chacune des catégories, nous distinguerons la taille de formation, dont le but est de former le « squelette » de l'arbre et de lui donner sa forme, et la taille de fructification destinée à faire produire le maximum de fleurs, donc de fruits.

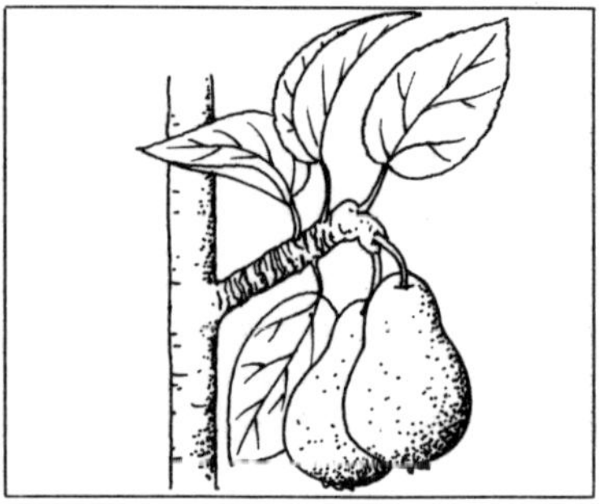

LES ARBRES FRUITIERS À PÉPINS

Couramment répandus dans tous les jardins, ce sont ceux qui se soumettent le mieux à la taille et, autrefois, certains perfectionnistes, à force de patience et de persévérance, parvenaient à réaliser de véritables ensembles architecturaux à partir de scions de Pommiers ou de Poiriers.
Malheureusement la production y était bien souvent sacrifiée au profit de l'esthétique et nous laisserons de côté les formes de fantaisie pour n'étudier que celles que nous qualifierons d'« utilitaires » et destinées avant tout à donner des fruits.

LA TAILLE DE FORMATION

Indispensable à partir d'un scion, c'est une taille extrêmement intéressante à effectuer, car vous aurez le sentiment d'avoir créé votre arbre. Cette taille à la plantation est commune à tous les végétaux. C'est pourquoi nous l'avons développée ici.
Malheureusement, c'est une taille qui demande beaucoup de patience : bien des échecs sont dus à une trop grande précipitation et au désir de vouloir faire produire « son arbre » le plus tôt possible.
A partir d'un scion d'un an, c'est-à-dire de l'arbre à son premier stade, vous aurez tout le loisir de choisir la forme qui vous conviendra en tenant compte de l'espace et du « volume » dont vous disposez.
Une fois la forme de l'arbre déterminée, la taille de formation aura pour but d'obtenir un certain nombre de coursonnes sur une longueur donnée de branche charpentière. Vous parviendrez à ce résultat en taillant plus ou moins long le « prolongement », c'est-à-dire le rameau qui s'est développé dans l'année à l'extrémité d'une branche charpentière. S'il ne s'est pas formé assez de coursonnes au cours de l'année sur le rameau précédant le prolongement, celui-ci sera taillé très court après le premier œil situé à la face inférieure de la branche.

A - 1er Hiver. Le prolongement est taillé normalement.

B - 2e hiver. La base du prolongement de l'hiver précédent a donné des coursonnes. L'œil terminal a formé un nouveau prolongement qui sera taillé comme le précédent.

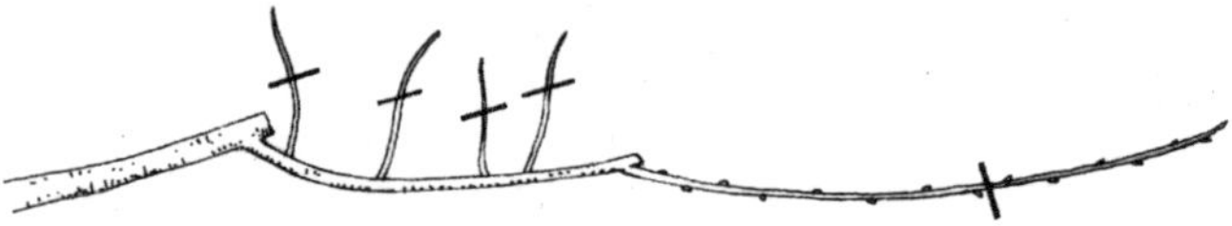

C - 3e hiver. Il arrive que, par suite de divers accidents de végétation, la partie conservée du prolongement de l'hiver précédent ne donne pas de coursonne. Le nouveau prolongement formé est alors taillé très court sur le premier œil situé sur la face inférieure de la branche.

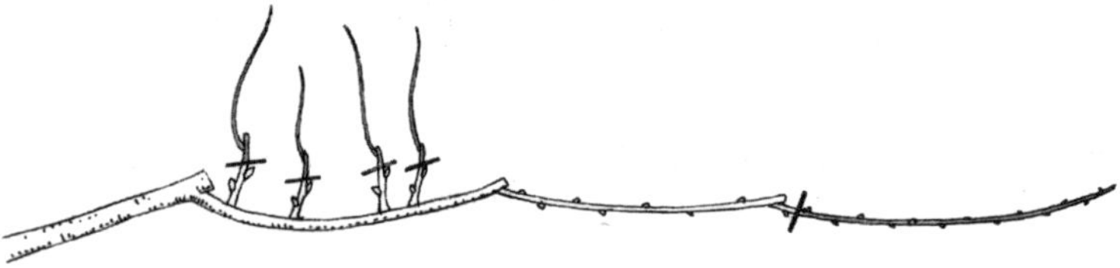

D - 4e hiver. Par suite de la taille sévère de l'hiver précédent, la partie dénudée du prolongement s'est garnie de coursonnes ; un nouveau prolongement s'est développé. Il sera taillé comme nous l'avons vu dans le cas A ou B.

Fig. 19. Taille des prolongements et taille de renforcement.

Cette taille s'appelle la « **taille de renforcement** ». Nous l'avons schématisée dans la figure 19.
Si les coursonnes se forment normalement, le prolongement est taillé à une longueur de 30 à 50 cm selon la vigueur de la variété.
Bien souvent, les arbres qui sont présentés à la vente ont subi un début de formation et c'est à l'achat que vous choisissez votre « forme ». Cependant, elle ne sera pas définitive et vous devrez la parfaire jusqu'à ce que votre arbre devienne adulte.

Les formes palissées

Par opposition aux formes dites « à la diable », que des professionnels ont préconisées en vue de limiter les opérations de taille, les formes classiques ont une géométrie bien définie et ce sont celles que nous recommandons pour les petits jardins.
« Palisser » est un terme de jardinage qui signifie attacher. On appelle « formes palissées » les formes dans lesquelles les branches de charpente sont attachées et dirigées sur des lattes ou des fils de fer.
Ces formes facilitent la taille fruitière. Elles permettent notamment la réalisation des « espaliers » le long des murs. Lorsque les arbres sont disposés sur un seul plan, mais sans l'abri d'un mur, on a ce qu'on appelle un « contre-espalier ». Celui-ci se conduit sur une armature de lattes et de fils de fer tendue verticalement dans le jardin.

• Le cordon vertical et le cordon oblique

Il s'agit d'arbres présentant une seule branche de charpente rectiligne. On les utilise généralement pour garnir des murs élevés et on fait, par exemple, des cordons verticaux de Vigne. Dans ce cas, on peut alterner un cordon bas et un cordon haut comme indiqué sur la figure 20, page suivante. Parfois, on forme aussi le Poirier en cordons obliques.

Formation du cordon vertical. Pour obtenir un cordon vertical, on taille le scion à 40 ou 50 cm de longueur, en supprimant le cas échéant les rameaux anticipés qui auraient pu se développer.
Le rameau supérieur qui se développera sera palissé à la verticale dans le prolongement du scion et taillé entre 20 ou 40 cm suivant sa vigueur. Les autres petits rameaux subiront la taille de fructification que nous verrons par la suite. Il ne faut surtout pas vouloir allonger trop rapidement le cordon vertical afin d'assurer la formation régulière des coursonnes sur toute la longueur de l'axe principal.

Fig. 20. Formation du cordon vertical.
A - Première taille du scion.
B - Deuxième taille. Les rameaux secondaires sont taillés court. C'est le début de la formation des coursonnes.
C - Troisième taille. L'allongement doit être très progressif pour assurer la formation des coursonnes.

Formation du cordon oblique. Il se forme de la même façon que le cordon vertical, mais sur un support (latte ou fil de fer) incliné d'environ 35° par rapport à la verticale. On le préférera au cordon vertical lorsque la hauteur du treillage ou du mur sera inférieure à 2 m.

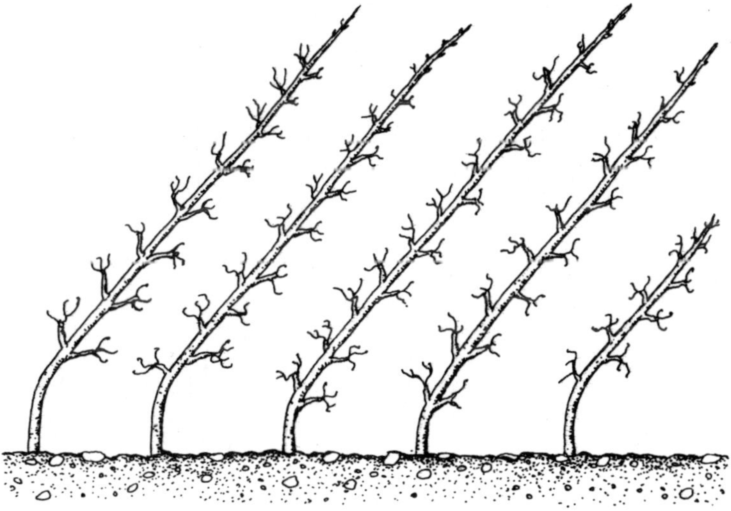

Fig. 21. Cordon oblique.
Cette disposition est à envisager lorsque la hauteur du mur le long duquel s'effectue la plantation ne permet pas un développement suffisant du cordon vertical.

• Les cordons horizontaux

Les cordons horizontaux simples ou doubles, c'est-à-dire à un bras ou à deux bras, sont rarement utilisés pour la plantation en espalier, sauf en ce qui concerne la Vigne que l'on conduit alors suivant la méthode dite « à la Thomery ». Les cordons de Vigne sont établis à des hauteurs différentes, toutes multiples de 60 cm, de telle façon que la charpente horizontale de chaque cep garnisse un sur deux des fils de fer qui sont tendus horizontalement sur le mur tous les 30 cm.
En revanche, les cordons horizontaux simples ou doubles à un ou deux étages sont souvent utilisés en contre-espalier en bordure d'allée ou en limite de jardin potager.
La forme cordon est en principe réservée au Pommier, le Poirier ayant un bois trop raide.

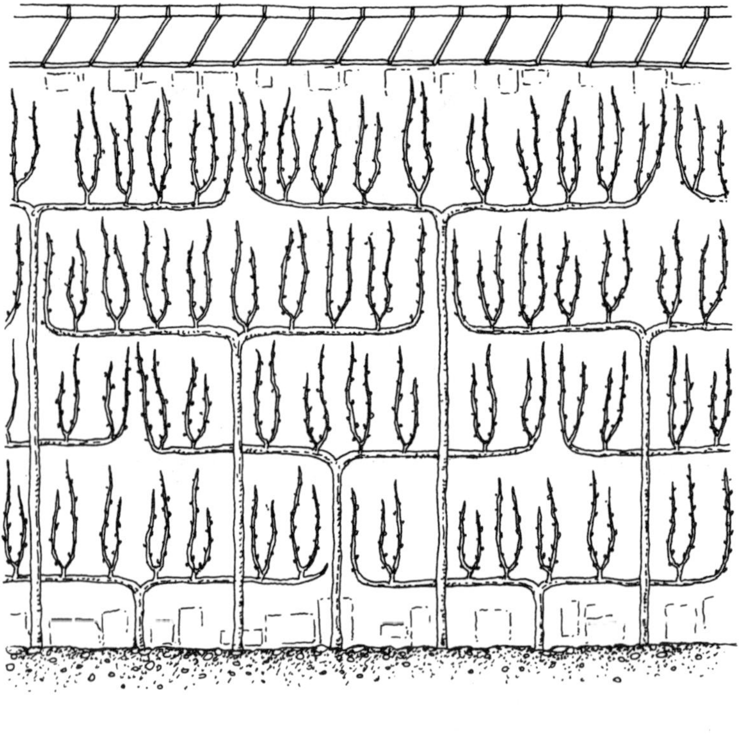

Fig. 22. Cordons horizontaux de Vigne « à la Thomery ».

Le cordon horizontal simple. Le scion est coudé en avril-mai à une hauteur de 40 cm et palissé sur le fil de fer tendu à cette hauteur entre deux piquets. Le prolongement sera taillé plus ou moins long en fonction de sa vigueur, mais en prenant soin de le tailler après un œil situé à la partie inférieure du rameau. Pour éviter un arrachement du scion de son porte-greffe, nous vous conseillons de bien placer le point de greffe lors de la plantation afin qu'il se trouve du côté opposé à la courbure.
La partie horizontale du scion constitue la branche charpentière. Elle va ensuite se garnir progressivement de coursonnes qui porteront les fleurs et assureront la fructification.

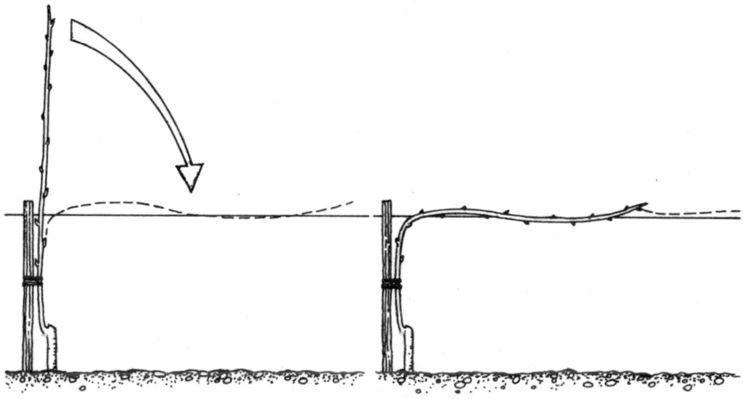

Fig. 23. Formation du cordon horizontal simple par arcure du scion.

Le cordon horizontal à deux bras. Dans ce cas on n'arque pas le scion, mais on le taille à 35 cm du sol (ou 75 cm si l'on désire une ramification à 80 cm). Les deux branches supérieures qui vont se développer seront palissées de part et d'autre du tronc constitué par la base du scion.

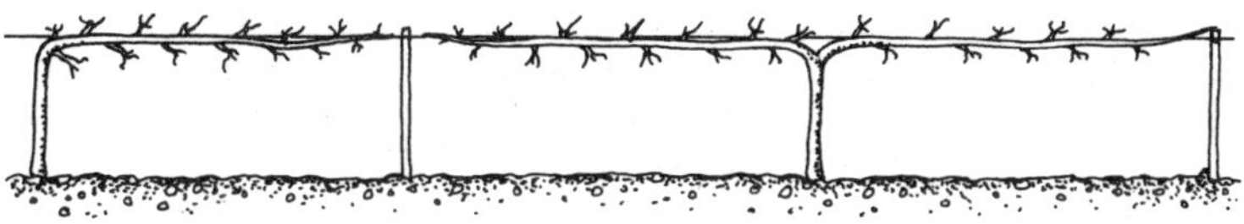

Fig. 24. Cordon horizontal à deux bras.

Le cordon horizontal à deux étages. Il s'agit en fait de deux cordons superposés formés à des hauteurs différentes. Un scion sur deux est taillé à 35 cm de hauteur pour former un cordon à 40 cm et les autres scions intermédiaires sont taillés à 75 cm de hauteur pour former l'étage supérieur à 80 cm.
Ce procédé permet de garnir un volume plus important, mais il arrive souvent que l'étage inférieur, défavorisé par le manque de lumière, soit d'un rendement moindre que la partie supérieure du cordon.

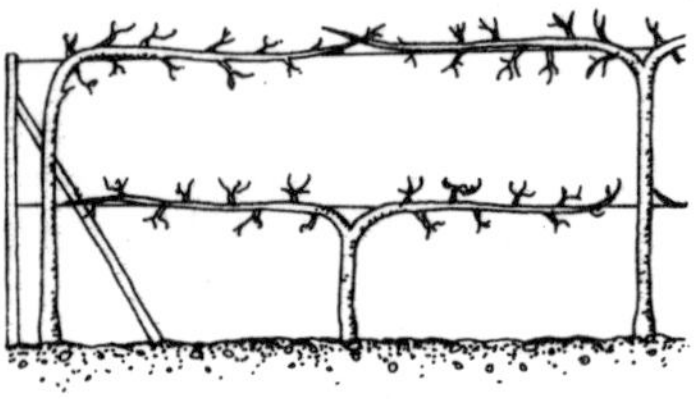

Fig. 25.
Cordon horizontal à deux étages.

• Les palmettes

On appelle ainsi des arbres à forme plate et possédant deux ou plusieurs branches partant d'un tronc commun.

La palmette en U simple : le jeune scion, greffé sur porte-greffe faible de préférence pour éviter un emballement des branches, est taillé à environ 20 cm du sol. Deux rameaux se développent et sont palissés d'abord horizontalement, puis verticalement, sur deux lattes espacées de 30 cm et situées de part et d'autre de l'axe du scion.
La croissance des deux « branches » du U est favorisée par l'ébourgeonnement ou le pincement des autres pousses qui pourraient prendre naissance sur le scion après le palissage horizontal, puis vertical.

La palmette en U double : cette forme exige une durée de formation plus longue que le U simple ou le cordon.
Le départ s'effectue comme pour le U simple. Les deux premiers rameaux sont palissés horizontalement, puis attachés verticalement sur des lattes placées à 30 cm de part et d'autre de l'axe.
On taille les rameaux redressés à 20 cm de hauteur ; chacun d'eux va produire deux branches qui seront palissées de la même façon que pour le U simple, sur des lattes écartées de 30 cm. La sève est ainsi équitablement répartie et l'arbre se trouve bien équilibré.
Poiriers et Pommiers sont souvent cultivés sous cette forme.

ph. 1

ph. 2

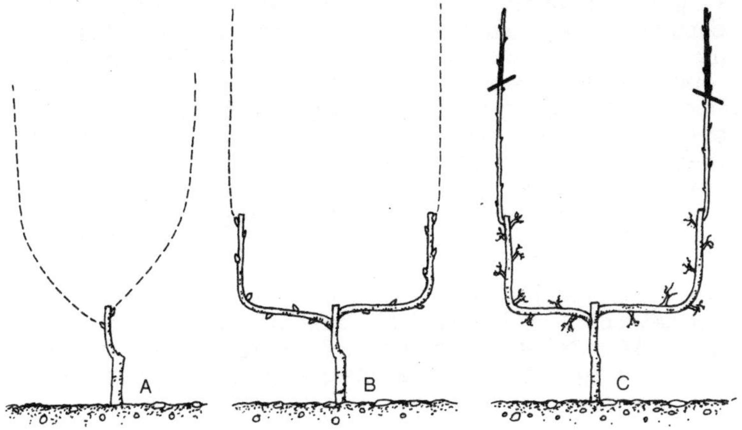

Fig. 26. Formation d'une palmette en U simple.
A - Taille du scion.
B - Palissage des deux rameaux supérieurs.
C - Le U est formé. Les prolongements seront taillés assez court pour assurer le développement des coursonnes.

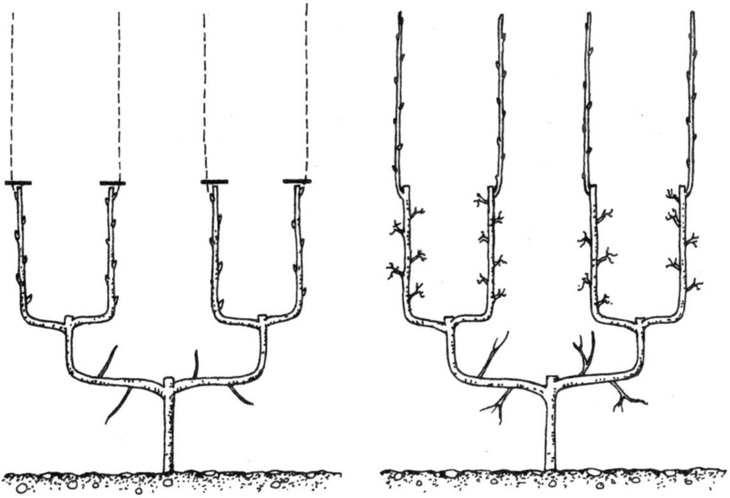

Fig. 27. Formation d'une palmette en U double.

La palmette Verrier : c'est une forme très répandue. Elle peut comporter trois, quatre, cinq, six branches ou davantage. Le modèle le plus courant et le plus rationnel au point de vue répartition de la sève est la palmette Verrier à quatre branches. Pour la réaliser, vous taillez le scion à 30 ou 35 cm du sol, au-dessus de trois yeux bien formés, en choisissant de préférence l'œil supérieur sur le devant du scion. Le rameau issu de l'œil supérieur sera palissé verticalement et éventuellement pincé s'il se développe avec trop de vigueur (en A sur la figure 28).

Les deux branches issues des yeux inférieurs seront d'abord palissées horizontalement, mais leurs extrémités seront laissées libres de se relever pour faciliter leur croissance. C'est seulement si une grande vigueur se manifeste que l'on pourra envisa-

Fig. 28. Formation de la palmette Verrier à quatre branches.

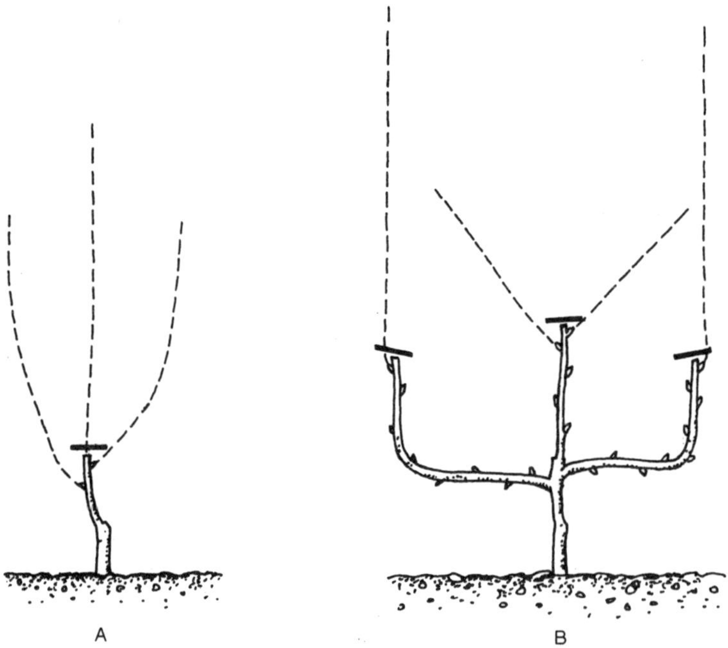

ger un palissage plus sérieux, afin de former dès cette première pousse le second coude à 45 cm du tronc. La plupart du temps, ce second coude ne peut être formé que la seconde année, car le parcours horizontal est plus long que dans la formation d'un U simple et la branche centrale verticale prend aussi sa part de sève. Celle-ci sera taillée à 30 cm des premières ramifications, au-dessus de deux yeux latéraux (en B sur la figure 28).

Les deux branches qui vont se développer seront palissées d'abord horizontalement, puis verticalement, sur des lattes disposées de part et d'autre du tronc et écartées de 30 cm comme dans la formation d'un U simple (en C sur la figure 28).
Pour maintenir un bon équilibre de la palmette, il faut veiller à tailler les prolongements des branches extérieures au moins 10 cm au-dessus de ceux des deux ramifications intérieures.

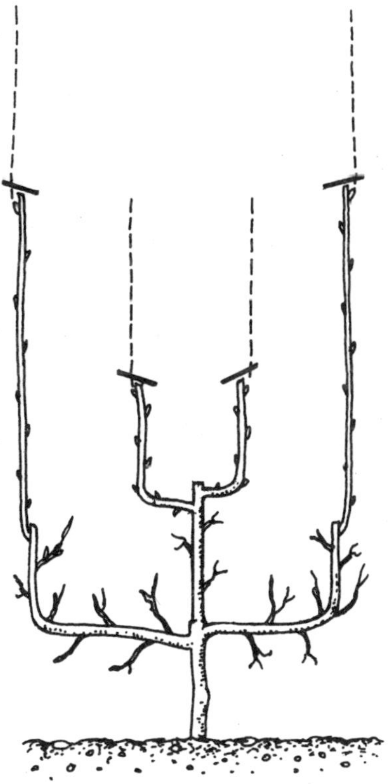

C

La palmette oblique : la taille initiale du scion est la même que pour la formation du premier étage de la palmette Verrier. Les deux branches latérales qui se développent sont palissées sur des lattes inclinées à 45°.

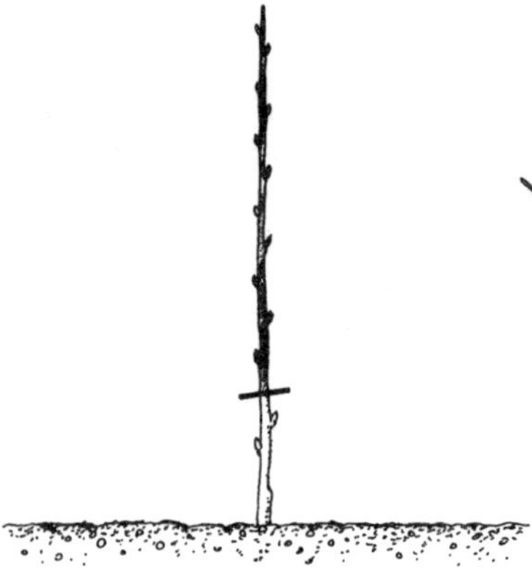

A - Taille du scion.

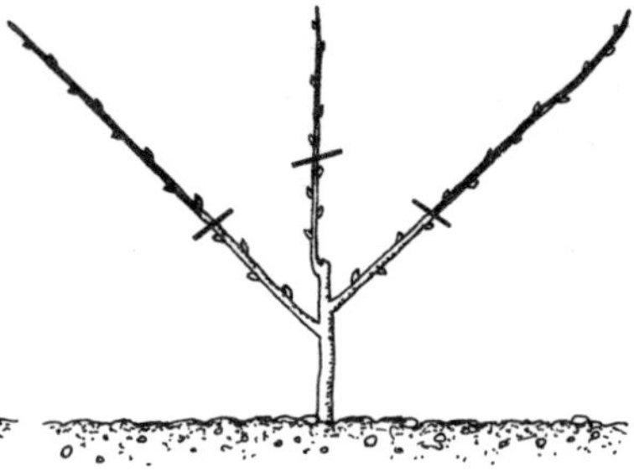

B - Palissage des deux branches latérales.

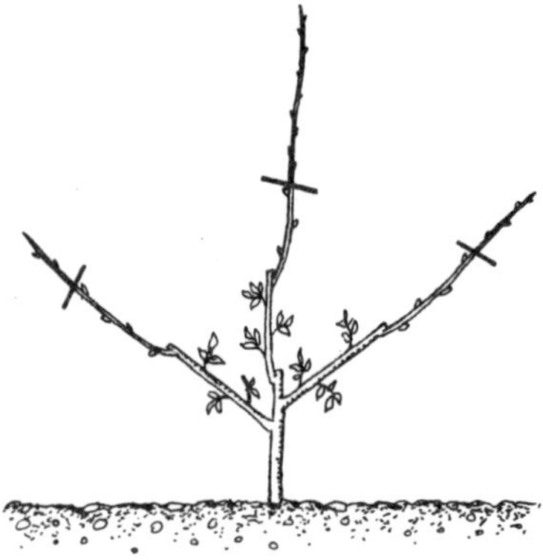

C - Taille de troisième année.

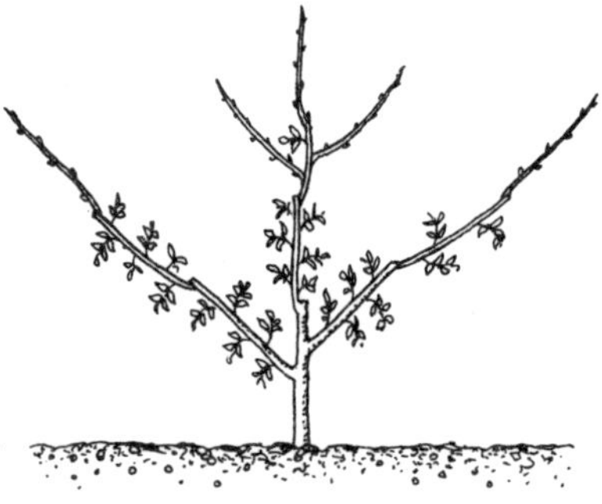

D - Formation d'un deuxième étage.

Fig. 29. Les différentes phases de formation d'une palmette oblique.

La pousse centrale, taillée à 30 cm au-dessus du premier départ, permettra d'établir le second étage, incliné comme le précédent à 45°. Selon la vigueur du sujet, il y a possibilité d'établir un troisième étage.
La palmette oblique convient pour des murs de 2 m. En revanche, si plusieurs palmettes obliques sont mises côte à côte, elles présenteront le défaut de laisser entre elles des espaces triangulaires non utilisés. Ceux-ci peuvent être garnis par des palmettes à branches horizontales (ou palmettes Cossonnet), réalisées de la même manière que les palmettes obliques.

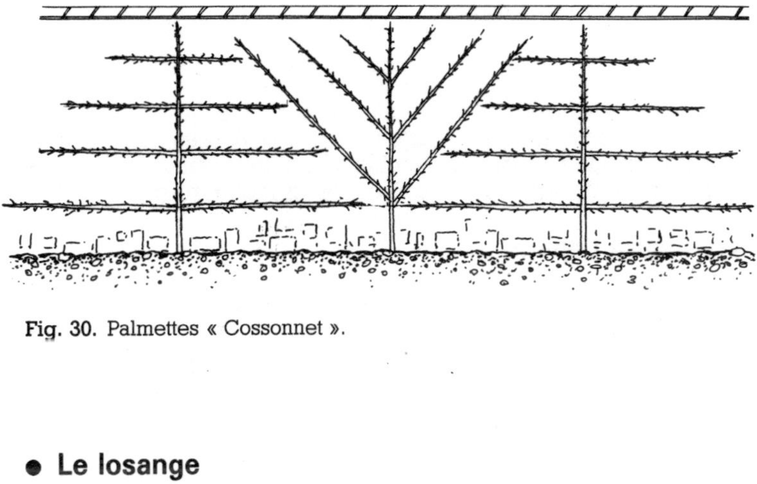

Fig. 30. Palmettes « Cossonnet ».

• Le losange

Vous aurez peut-être envie de garnir votre mur de formes en losange, qui sont très esthétiques. Sachez que celles-ci sont faciles à obtenir en partant du scion. Elles s'apparentent aux palmettes obliques, puisque les losanges sont formés par la succession de palmettes obliques simples (ou formes en V) se chevauchant et s'entrecroisant.
Les scions, plantés à 1 m d'écartement, sont taillés à 30 cm du sol sur deux yeux latéraux. Les branches sont ensuite palissées sur une armature de lattes préalablement installée et, au fur et à mesure de leur croissance, elles forment des losanges.
Nous vous rappelons que la taille du scion doit se faire nettement au-dessous du point théorique de bifurcation pour éviter la formation d'un coude inélégant et limiter le risque de casse. Comme pour la palmette Verrier, il faut effectuer le premier palissage peu après la sortie des pousses et laisser la partie terminale libre.

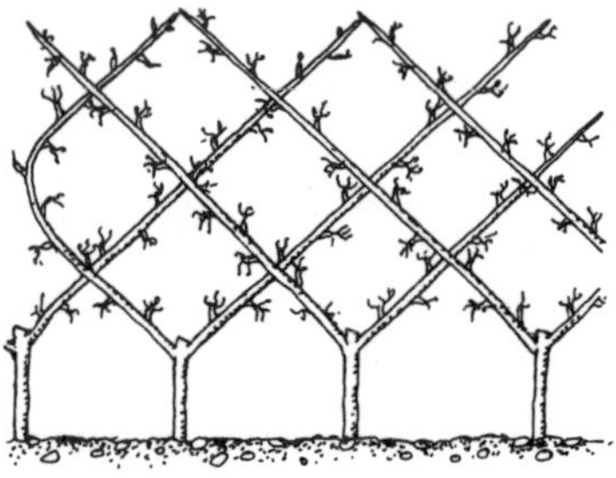

Fig. 31. Formation en losange.

Les formes palissées précédentes sont celles que pratique le plus souvent l'amateur. D'autres formes palissées, plus libres, sont surtout utilisées en arboriculture fruitière commerciale, mais on les rencontre quelquefois dans les grands jardins.

• L'arcure Lepage

L'armature est faite de fil de fer tendu à 0,50 m, 1 m, 1,50 m et même 2 m du sol, et les scions sont plantés à 1 m les uns des autres, inclinés dans le sens des futures arcures. Lorsqu'ils atteignent 1,20 m à 1,50 m, ces scions sont arqués tous dans la même direction, au printemps, l'extrémité de chaque branche étant attachée au sujet suivant, à environ 40 cm de sa base, de façon à former une série d'arceaux.

Toutes les pousses secondaires qui se développent sont également arquées dans le cours de l'été après leur fixation sur le fil de fer ou sur leurs voisines. Une seule belle pousse, choisie aux deux tiers environ de la longueur du scion (c'est-à-dire sur la partie supérieure de l'arcure), est laissée intacte. Elle prend une grande vigueur du fait qu'elle se trouve seule en position verticale.

Au printemps suivant, toutes les branches ainsi conservées sont à leur tour arquées, après avoir été attachées les unes aux autres, mais en sens inverse de la première fois. La même opération est répétée pour constituer une troisième série d'arceaux, phase finale de la forme, toutes les branches secondaires étant par la suite arquées sans exception.

En principe, les interventions du sécateur se limitent à des tailles de rajeunissement.

L'arcure Lepage s'applique essentiellement aux Poiriers et Pommiers de vigueur modérée.

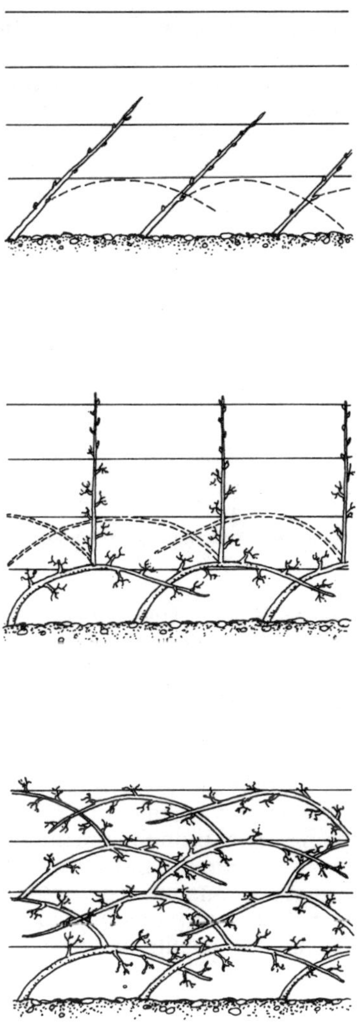

A - Plantation inclinée des scions.

B - Les scions ont été arqués. Les prolongements qui se développent seront arqués à leur tour.

C - Aspect d'une haie fruitière en arcure Lepage.

Fig. 32. Arcure Lepage.

A l'origine, la méthode d'arcure réalisée par M. Lepage avait pour but d'éviter les supports en attachant les arbres les uns aux autres. Le poids des fruits, la prise au vent ont entraîné bien des déboires et, lorsqu'elle est utilisée actuellement, l'arcure Lepage se fait sur fil de fer. C'est pourquoi nous l'avons classée parmi les formes palissées.

• La méthode Bouché-Thomas

Alors que dans l'arcure Lepage les scions sont plantés inclinés et parallèles, dans la méthode Bouché-Thomas ils sont plantés par paire à 1 m ou 1,50 m d'écartement mais inclinés chacun dans un sens différent de façon à ce qu'ils se croisent. Ensuite, les plus beaux des rameaux qui se développent sont arqués et si possible attachés entre eux comme dans l'arcure Lepage.

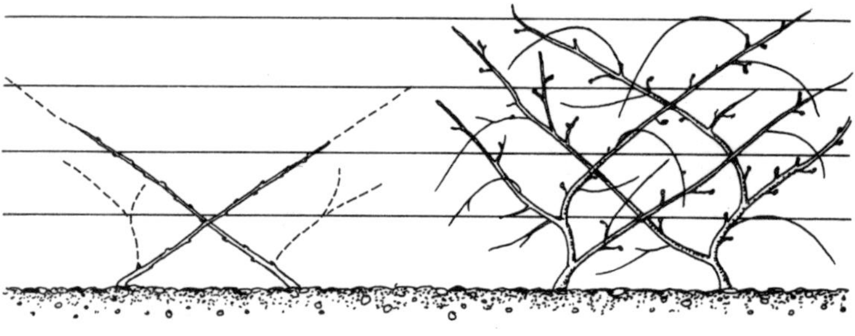

Fig. 33. Méthode Bouché-Thomas. Plantation croisée des scions, puis arcure des rameaux.

• La méthode Ferragutti

C'est encore une méthode fondée sur l'arcure, mais cette fois à partir des ramifications d'un cordon vertical, ce qui implique une plantation verticale du scion. On obtient ainsi une sorte de palmette à branches arquées dont la mise à fruits est assez rapide. Comme dans les autres cas, ce procédé exige une armature constituée de poteaux et de fils de fer.
Les formes arquées peuvent séduire, mais, si au début de leur installation la taille en est relativement simple, ce n'est plus le cas par la suite. L'amateur se trouve déconcerté par le manque de rigueur et la part laissée à l'initiative et à l'interprétation pour la conservation ou la suppression des rameaux.

Les formes de plein vent

Elles sont encore appelées formes libres. Par opposition aux précédentes, elles occupent un « volume » et leurs branches se dirigent dans les trois dimensions.

• Le fuseau

C'est la forme la plus en vogue dans les jardins d'amateur. Elle est très employée pour les Pommiers et surtout les Poiriers, mais aussi quelquefois pour les Cerisiers et Pruniers.
Le fuseau se compose d'un axe vertical, ou « flèche », portant des branches latérales inclinées, régulièrement réparties tout autour, et d'autant moins longues qu'elles sont plus rapprochées du sommet.

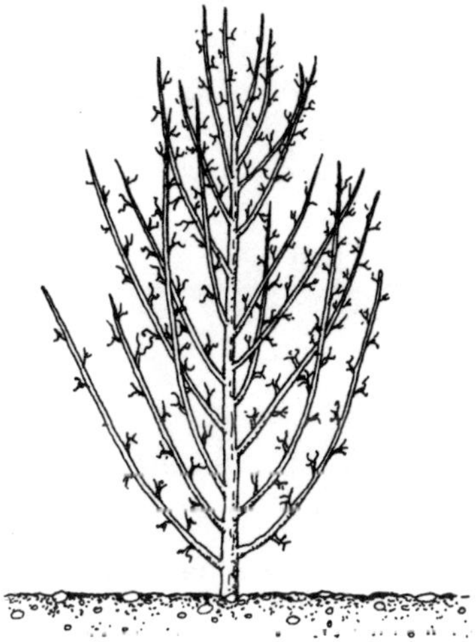

Fig. 34. Fuseau. Forme avec axe central.

Compte tenu du nombre de branches à obtenir, il est difficile de donner une hauteur de taille du scion destiné à former le fuseau. Le plus simple consiste à mesurer à partir du sol une hauteur de 30 à 35 cm et, à partir de là, à compter six yeux bien constitués. Vous rabattez alors le scion au-dessus du sixième œil, que vous choisirez si possible du côté opposé à la greffe pour redresser l'axe de la plante, car ce sixième œil sera le point de départ de l'axe du fuseau. Afin que cet axe ait un départ bien vertical, vous pouvez effectuer une taille à onglet au lieu de tailler directement au-dessus du sixième œil.
Vous conserverez au-dessus de l'œil de prolongement 6 à 8 cm de tige en supprimant tous les yeux qui s'y trouvent (y compris les yeux stipulaires). Ce moignon, ou onglet, constituera une sorte de petit tuteur sur lequel vous palisserez la jeune pousse

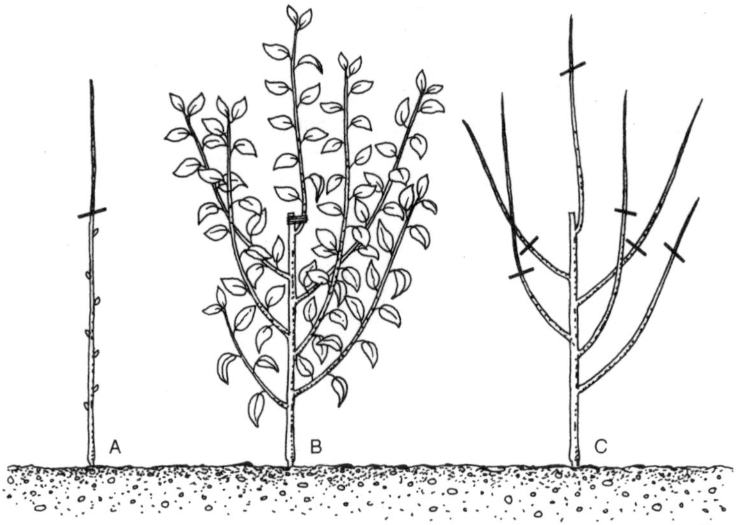

Fig. 34 bis. Formation du fuseau.
A - Taille du scion.
B - Évolution au cours de l'année suivante. On remarquera que la tige centrale est palissée sur onglet.
C - Taille de formation.

issue du sixième œil. Dès l'aoûtement de celle-ci, c'est-à-dire à l'automne, vous supprimerez l'onglet. La cicatrisation se fait alors rapidement et la plaie est déjà partiellement recouverte avant l'hiver. A ce moment, vous aurez autour de l'axe cinq branches appelées à former le premier étage du fuseau. Ces branches seront taillées à environ la moitié de leur longueur et sur un œil extérieur. L'axe est taillé de manière à ce qu'il dépasse nettement l'extrémité des branches latérales et sur un œil opposé à celui de l'année précédente.

Lors de la troisième taille, les branches latérales seront allongées de 20 à 40 cm suivant leur vigueur et toujours taillées sur un œil extérieur. Pour l'axe, opérez comme précédemment, lors de la deuxième taille.

Si la vigueur de l'arbre le permet, il est possible de former un second étage de branches latérales à 40 ou 50 cm au-dessus du premier.

• La quenouille

C'est une forme proche de celle du fuseau. Après la formation du premier étage, on choisit des branches régulièrement réparties sur l'axe en prenant garde qu'elles ne soient pas trop nombreuses et reçoivent suffisamment d'air et de lumière. Il n'y a pas ainsi de second étage proprement dit, mais une succession de branches réparties hélicoïdalement sur l'axe.

• Le gobelet

C'est une forme que nous citons pour mémoire, car elle n'est plus guère commercialisée ni réalisée actuellement. C'est en fait un fuseau à un étage sans axe. Il en résulte une très bonne aération et un éclairement parfait de la couronne.

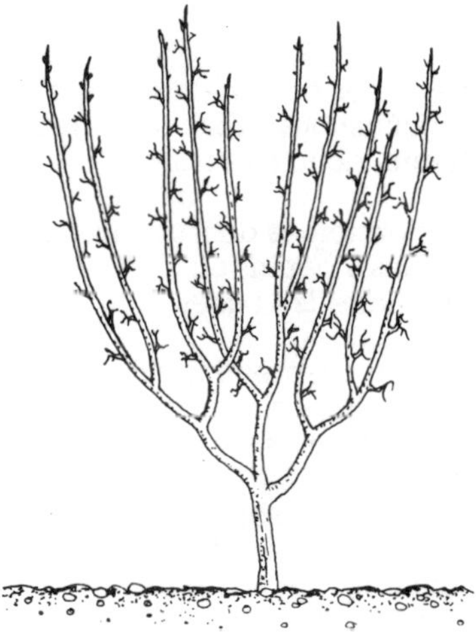

Fig. 35. Gobelet.
Cette forme n'a pas d'axe central.

• L'arbre sur tige ou de plein vent

C'est l'arbre du verger par excellence. Non soumis à des tailles régulières, il est appelé à prendre un grand développement. Il se caractérise par une tige de 1,75 m à 2 m de haut, au sommet de laquelle se développe une tête, formée généralement en gobelet pour que le centre reste bien aéré.

L'arbre de haute tige peut être à la fois un arbre de rapport et un arbre d'ombrage, sous lequel on peut passer sans se baisser.

L'arbre sur tige est greffé sur un porte-greffe vigoureux, mais, pour obtenir la tige proprement dite, il faut souvent faire appel à une variété intermédiaire sur laquelle est greffée, en tête, la variété fruitière proprement dite.

L'arbre demi-tige. La tige proprement dite ne mesure que 1 m ou 1,30 m, et l'arbre s'établit comme un arbre tige. L'arbre demi-tige facilite les travaux de traitement, de récolte, etc.

La taille des arbres tiges et demi-tiges se limite généralement à un nettoyage et au maintien de l'équilibre de la charpente.

LA TAILLE DE FRUCTIFICATION

C'est la taille de rapport. Elle est indispensable sur les formes palissées ou les formes de plein vent pour l'obtention des petites ramifications dites « coursonnes » destinées à produire des fleurs, donc des fruits.

Les principes de fructification diffèrent selon qu'il s'agit d'arbres à fruits à pépins ou d'arbres à fruits à noyau et il est essentiel d'en connaître les bases.

Chez les arbres à fruits à pépins, les boutons à fleurs proviennent de l'évolution plus ou moins rapide des yeux à bois qui passent par différents stades intermédiaires : rameaux à bois, brindilles, dards.
Les facteurs semblant influer sur cette transformation dépendent de la vigueur de l'arbre, de la taille, de l'exposition (air et lumière), du sol, etc.
L'évolution n'est pas systématique et un œil peut rester plusieurs saisons sans évoluer ; on dit alors que cet œil est « latent ».

L'exemple du Poirier

Le mode de végétation

Prenons comme point de départ un rameau à bois développé au cours de l'été sur une branche charpentière. Les yeux de ce rameau, nés à l'aisselle de chacune des feuilles qu'il portait, vont évoluer différemment au cours de l'été suivant (fig. 36). Les yeux

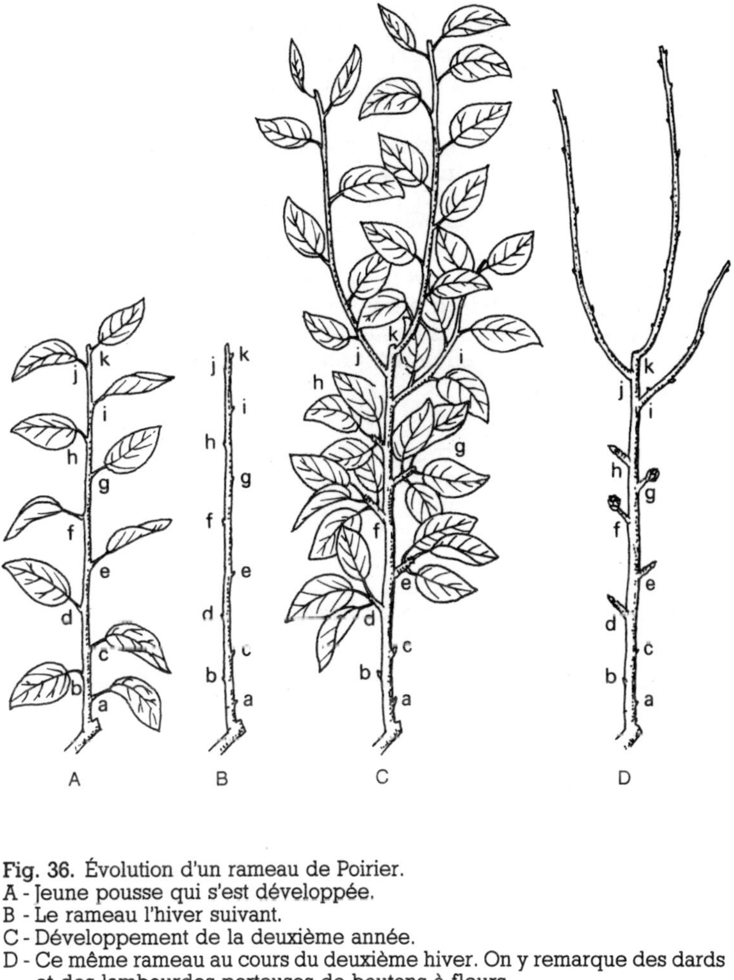

Fig. 36. Évolution d'un rameau de Poirier.
A - Jeune pousse qui s'est développée.
B - Le rameau l'hiver suivant.
C - Développement de la deuxième année.
D - Ce même rameau au cours du deuxième hiver. On y remarque des dards et des lambourdes porteuses de boutons à fleurs.

situés vers l'extrémité du rameau ont donné des pousses à bois semblables à celles du rameau à bois d'origine. Les autres yeux ont donné des pousses d'autant plus courtes qu'elles sont plus éloignées du sommet.

Le rameau **i** est resté assez grêle et ne dépasse pas 15 cm. Il constitue ce que l'on appelle une brindille.

Les yeux **d**, **e** et **h** ont donné des rameaux encore plus courts. Leur aspect ridé vient du fait qu'ils portent la trace des nombreuses feuilles rapprochées qu'ils ont portées. Ce sont des dards, « terminés » par un œil très pointu.

Les rameaux **f** et **g** se terminent par un gros œil gonflé, arrondi, facile à remarquer en fin d'hiver, car il commence à grossir très tôt. Il y a dans cet œil la promesse d'un bouquet de fleurs, lesquelles donneront peut-être des fruits. On dit que le rameau est couronné et l'ensemble porte le nom de *lambourde*.
Très souvent, les boutons à fleurs se forment à l'extrémité d'un dard ou d'une brindille qui constituent alors des « productions fruitières ». Il arrive fréquemment que les dards végètent lentement, presque sans s'allonger, pendant plusieurs années avant de se couronner.

Il est à noter que dard et brindille s'insèrent presque perpendiculairement sur la branche qui les porte.
Pour la bonne exécution de la taille, il est important de savoir distinguer le dard proprement dit et la lambourde, même avant que le premier mouvement de sève n'ait accentué la rotondité du bouton à fleurs. Afin d'aider à la compréhension, voici résumé dans un dessin les différentes phases d'évolution.

Le dard et la brindille sont des productions susceptibles d'évoluer et d'initier la formation de fleurs, mais celle-ci n'a pas lieu à coup sûr. En revanche, elle est certaine avec la lambourde.
Lorsque, pour la première fois, l'on se trouve devant un Poirier à tailler (en forme palissée ou en fuseau), planté depuis un an, on constate fréquemment la présence de nombreux dards, même sur les prolongements. Ils se sont formés en raison de la relative faiblesse de végétation de l'arbre pendant la première année suivant la plantation. Cela s'entend bien évidemment pour des sujets plantés à racines nues, car, avec des végétaux en conteneur, la vigueur est en général suffisante pour donner naissance dès la première année à des rameaux à bois qui assurent la continuité des prolongements.

Si l'on taille un prolongement immédiatement au-dessus d'un dard, ce dernier partira à bois, mais on obtiendra une branche courbée et inesthétique (puisque le dard est déjà perpendiculaire à l'axe du rameau qui le porte). Pour éviter cet inconvénient, il faut couper le dard au ras de la branche sur laquelle il s'est développé. C'est ce qu'on appelle rabattre sur empattement.
L'expérience montre qu'il se reforme toujours une pousse au

voisinage de la coupe lorsqu'il s'agit de Poiriers ou de Pommiers (il n'en est pas de même pour les Pêchers). Cette repousse est due à la présence d'yeux stipulaires à la base du dard. Ce sont ceux de l'œil à bois d'origine qui sont restés latents. L'afflux de sève que provoque la taille entraîne le développement de ces yeux.

A B

Fig. 37. Influence de la rapidité de formation sur le coursonnement des prolongements.
A - Par suite d'une taille trop longue chaque année, le coursonnement est irrégulier.
B - La taille a été correcte. Il a fallu cinq ans pour atteindre la longueur obtenue en trois ans dans le cas précédent, mais en revanche les coursonnes sont régulièrement réparties le long du rameau.

Sur un jeune arbre n'ayant qu'un an de plantation, il y a lieu de procéder à une opération difficile pour un amateur : il faut absolument supprimer tous les boutons à fleurs qui ont pu se former prématurément. Le développement des fleurs aurait, en effet, pour conséquence d'affaiblir l'arbre encore insuffisamment pourvu de racines et de retarder d'autant sa formation. Ces fleurs « sous-alimentées » seraient, d'ailleurs, incapables de donner des fruits normaux.

Pour parfaire notre étude de la figure 36 (p. 61), nous devons attirer votre attention sur les yeux **a**, **b** et **c** à la base du rameau et qui n'ont pas évolué, l'afflux de sève s'étant porté vers les yeux supérieurs.
Nous en tirerons cette conséquence pratique très importante :
□ lorsque, chaque année, on allonge la charpente par la taille des prolongements, il est nécessaire de tailler ceux-ci suffisamment court pour que la plupart des yeux conservés, même ceux situés à la base du prolongement, donnent, l'été suivant, des amorces de nouvelles coursonnes. En allongeant abusivement la charpente chaque année, on forme l'arbre plus rapidement, mais on obtient des branches insuffisamment garnies de coursonnes et présentant donc des espaces dénudés (fig. 37, p. 63).
Bien souvent, la longueur à laisser aux prolongements est déterminée par des raisons d'équilibre et par la nécessité de former des coudes ou des bifurcations. Dans le cas d'un arbre à végétation absolument régulière, dont il s'agit simplement d'allonger la charpente, on laisse aux prolongements la moitié ou les deux tiers de leur longueur. On allongera davantage pour un arbre jeune et vigoureux, moins lorsqu'il s'agira d'un sujet adulte produisant déjà des fruits.

Nous aurions aimé pouvoir être plus précis et vous indiquer des longueurs de prolongement, mais il y a l'incidence des caractéristiques des variétés. Certaines ont en effet une tendance naturelle à se ramifier facilement et, même avec une taille longue, on a peu de risques d'avoir des branches dénudées.
A titre purement indicatif, nous donnerons les allongements suivants :
arbre peu vigoureux : 20 cm ;
arbre vigoureux : 30 cm ;
arbre très vigoureux : jusqu'à 50 cm.

La taille des coursonnes

Celles-ci peuvent être : des dards, des lambourdes, des brindilles ou des rameaux à bois.

Le dard. C'est un bourgeon qui s'allonge relativement très peu, et dans une direction presque perpendiculaire à la branche qui lui a donné naissance. Malgré sa courte taille, il porte pendant l'été un nombre de feuilles relativement grand et formant une rosette. L'écorce du dard est ridée et épaisse ; son œil terminal est fort et pointu.

ph. 3

ph. 4

Fig. 38. Évolution d'un œil en dard.

Ses caractéristiques sont en rapport avec le rôle qu'il est appelé à jouer : le dard, par ses nombreuses feuilles, assimilera beaucoup de carbone, et formera les réserves nécessaires pour que son œil terminal puisse se transformer en bouton à fleurs.
Le dard, après sa transformation en lambourde, est capable de donner des fruits bien nourris et solidement maintenus par ce rameau très court.

Les jeunes coursonnes composées simplement d'un dard ne doivent pas être taillées. La transformation du dard en lambourde peut se faire dès la première année (chez certaines variétés), mais, bien souvent, elle demande deux années et plus. Au cours de ces années d'attente, les dards s'allongent à peine et continuent à constituer des réserves par leurs nombreuses feuilles.
Les dards relativement gros et vigoureux se transforment en boutons à fruits plus facilement que ceux qui sont petits et mal pourvus en feuilles. Ces derniers se rencontrent surtout sur des arbres souffreteux, mal entretenus, sans fumure ou situés dans un endroit trop ombragé.

Rappelons enfin que, sous l'influence d'une taille intempestive, ou encore de l'excès de sève dû à une saison humide, il peut arriver que certains dards partent à bois. Il faut alors les traiter comme de véritables pousses à bois (voir p. 71).
Sur les pousses vigoureuses de Poirier, on constate souvent que certains yeux, sans donner à proprement parler des pousses secondaires, marquent tout de même un début d'évolution en donnant naissance à deux ou trois petites feuilles, ou même à une espèce de dard mal constitué. Chez le Poirier sauvage, ce dard se transforme souvent en épine.

La lambourde. C'est une pousse terminée par un bouton à fruits. A l'origine, cette pousse était soit un dard, soit une brindille (voir plus loin).
Le dessin ci-dessous nous montre l'évolution de la lambourde provenant du dard.

Fig. 39. Évolution d'une lambourde (ici, dard couronné) chez le Poirier. Après la cueillette des fruits, on remarque la présence d'une « bourse », qui est généralement un organe fructifère.

Nous assistons, d'abord, à l'épanouissement du bouquet de fleurs, puis au développement des fruits. L'hiver suivant, nous constatons la présence d'un renflement appelé bourse, à proximité du point où étaient attachés le ou les fruits. Sur cette bourse, on observe généralement deux yeux, mais, bien souvent, ces yeux se sont, l'année même, transformés en dards ou en lambourdes, voire en pousses à bois. Ce dernier cas se produit surtout si le fruit tombe prématurément.
Si la bourse ne porte que des productions courtes, on obtient finalement de véritables chapelets de bourses. Il convient alors de limiter cette prolifération par la taille : on ne laisse généralement que deux ou trois bourses par coursonne, en conservant celles qui sont les plus rapprochées de la branche charpentière. Si la bourse porte un ou deux rameaux à bois très allongés, il faut la considérer comme une coursonne quelconque portant ces mêmes rameaux.

La brindille. La brindille est en somme une pousse à bois plus faible que les autres. On considère généralement comme des brindilles tous les rameaux grêles dont la longueur ne dépasse pas 15 cm. Leur direction se rapproche souvent de l'horizontale.

Ainsi définie, la brindille ne se taille pas. Elle peut se couronner comme un dard. Il en résulte des fruits plus exposés à être balancés par le vent que ceux obtenus à partir des dards.
Le poids des fruits courbe la brindille vers le sol. Étant donné la tendance de la sève à monter, il en résulte le percement d'yeux au voisinage du point de courbure. Ces yeux donnent habituellement des dards ou des lambourdes. L'hiver suivant, on peut alors tailler cette coursonne comme si elle provenait d'un rameau à bois ayant donné les mêmes productions, c'est-à-dire lui conserver trois dards environ (fig. 40).

A - Brindille.

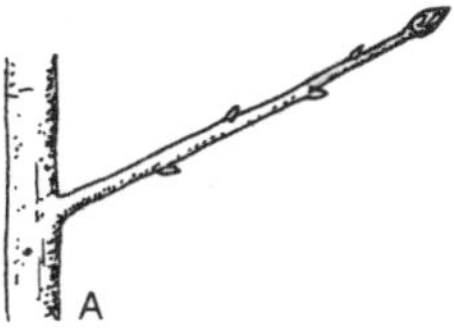

B - Évolution en brindille couronnée.

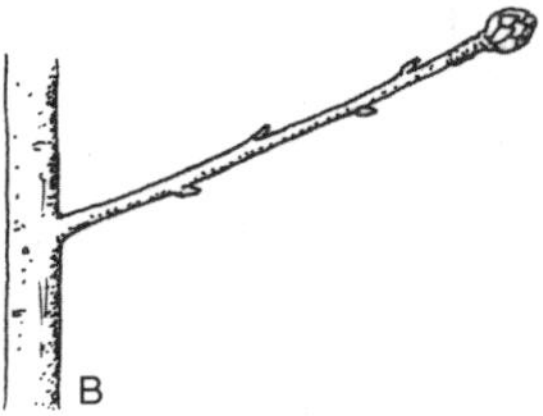

C - Le poids des fruits provoque la courbure de la brindille. Cette courbure favorise le couronnement d'un dard de la base.

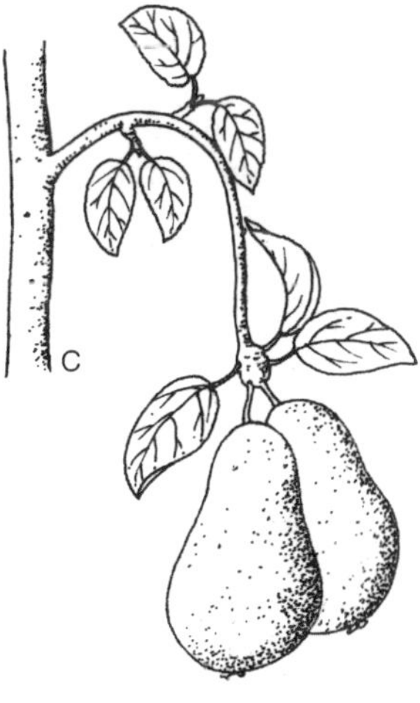

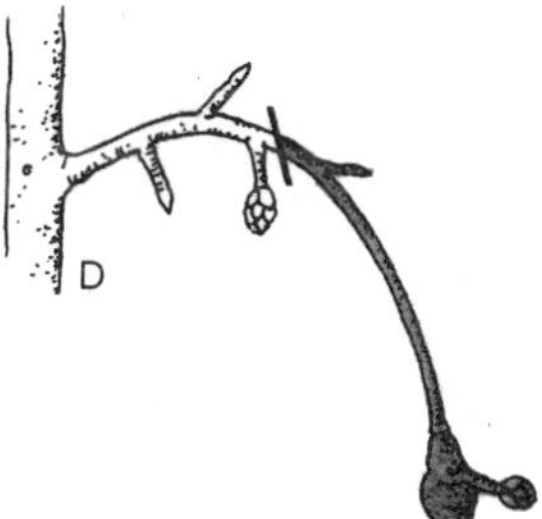

D - Dans le cas présent, on taillera au-dessus du bouton à fleur.

Fig. 40. Fructification sur brindille.

Le rameau à bois. La taille n'intervient pas, ou très peu, dans les formations précédentes, qui évoluent à plus ou moins bref délai en boutons à fleurs. Il n'en est plus de même lorsqu'un rameau à bois apparaît là où l'on désire constituer une coursonne.

Le véritable rôle des pousses à bois est, en effet, d'allonger et de compliquer sans cesse la charpente des arbres. En substituant aux dards et lambourdes des pousses à bois, la nature réagit.

La manière de traiter la pousse à bois pour en faire une coursonne a été l'objet de bien des discussions, de bien des polémiques. Parmi les méthodes proposées, deux d'entre elles ont eu naguère beaucoup de crédit, non seulement dans la pratique courante, mais aussi dans les livres : ce sont la méthode Courtois, ou « taille trigemme », et la méthode Lorette. Beaucoup d'autres méthodes, plus ou moins différentes, ont été ou sont encore pratiquées avec plus ou moins de succès.

La méthode Courtois consiste à aller dans le sens de la nature, à former à partir de la pousse à bois une branche nouvelle. Mais celle-ci est maintenue courte par la taille, tout en conservant la possibilité d'y voir se former des dards ou des lambourdes.

La méthode Lorette consiste en gros à refuser catégoriquement, c'est-à-dire à supprimer, la pousse à bois à sa base : ou bien cette suppression a lieu sans laisser de trace, ou bien, ce qui est plus souhaitable, elle provoque, grâce aux yeux stipulaires restés latents jusque-là, la sortie de dards ou de brindilles, c'est-à-dire des organes voués à la fructification.

Nous allons tout d'abord examiner avec soin ces deux procédés de taille, en les supposant appliqués au Poirier. Nous donnerons ensuite la manière de les appliquer au Pommier. Enfin, nous essaierons de décrire quelques autres procédés qui semblent de plus en plus dignes de retenir l'attention, soit en raison de leur facilité d'application, soit parce qu'ils sont depuis longtemps consacrés par la pratique.

• La taille trigemme

Un amateur de Chartres, M. Courtois, a proposé de transformer les pousses à bois en coursonnes fertiles par la méthode connue partout sous le nom de « taille trigemme » ou « taille à trois productions » ou même de « taille classique ».

— **Il y a trois yeux à bois** : considérons, par exemple, le rameau **a** de la figure 41. Nous allons tailler ce rameau en hiver

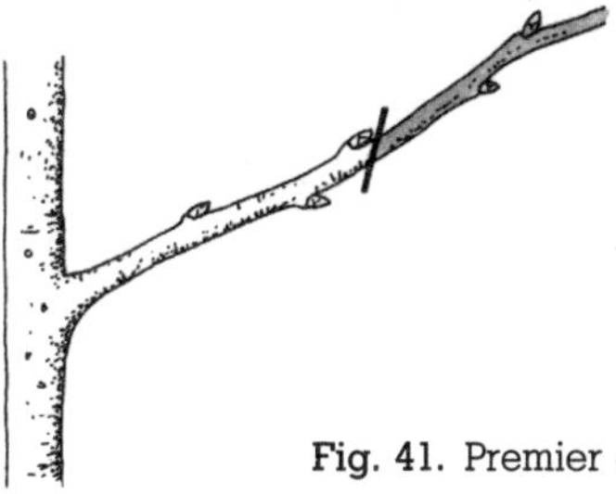

Fig. 41. Premier cas de taille trigemme : trois yeux à bois.

au-dessus de trois yeux bien développés (les yeux faibles de la base ne comptent pas).

Nous retrouverons en plusieurs points de cet exposé le chiffre 3. C'est cette particularité qui a valu à la taille de M. Courtois le nom de taille « trigemme ». Il ne faut d'ailleurs pas accorder à cette façon de compter un sens trop absolu : le chiffre 3 est surtout destiné à constituer une base d'action. La démonstration pourrait aussi bien, et même parfois mieux, se faire avec quatre yeux, ou avec deux seulement...

Cela dit, revenons à notre rameau taillé à trois yeux. Au cours de l'été suivant, il y a de grandes chances pour que la sève se répartisse entre les trois yeux comme il a été expliqué précédemment. L'œil supérieur, qui recevra le plus de sève, aura des chances de partir à bois. L'œil du milieu, qui en recevra sensiblement moins, donnera une pousse moins vigoureuse ou un dard. Enfin, l'œil inférieur, qui en recevra encore moins, aura toutes chances de se transformer en dard. C'est précisément ce que nous désirons.

Bien entendu, dans la pratique, tous les cas possibles peuvent se présenter, et nous interpréterons seulement ici les principaux d'entre eux, à titre d'exemples.

— **Il y a un dard et deux rameaux à bois** : la figure 42, page suivante indique les deux coups de sécateur à donner. On supprime le rameau supérieur et le moignon qui le porte. On laisse deux yeux au rameau intermédiaire. Le principe trigemme est donc respecté : 1 dard + 2 yeux = 3 productions.

Les deux yeux du rameau conservé absorberont, l'été suivant, l'excès de sève, et le dard D aura des chances de se transformer en lambourde. Ce serait une grosse faute de tailler juste au-dessus du dard qui, alors, se transformerait presque certainement en rameau à bois. Tout serait alors à refaire avec ce nouveau rameau, soit deux années perdues et un allongement nuisible de la coursonne.

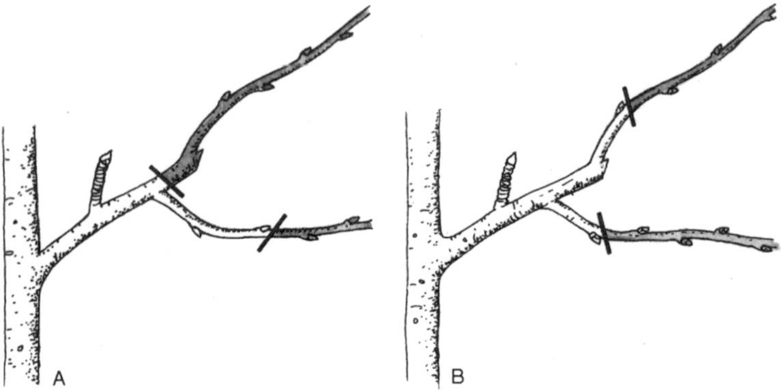

Fig. 42. Un dard et deux rameaux à bois.
A - Taille bien exécutée. Le rameau le plus éloigné de la branche principale est supprimé. Le second est taillé à deux yeux.
B - Ce qu'il ne faut pas faire. Il y a risque de départ des deux yeux d'extrémité en pousses trop vigoureuses, qui détourneraient la sève aux dépens des autres coursonnes.

— **Il s'est formé deux dards et un rameau à bois** : la figure indique le coup de sécateur à donner au rameau, au-dessus du premier œil bien constitué. Cet œil donnera vraisemblablement un nouveau rameau à bois, tandis que les dards, protégés de l'excès de sève par ce rameau — appelé pour cette raison appelle-sève —, pourront continuer à évoluer vers la fructification.

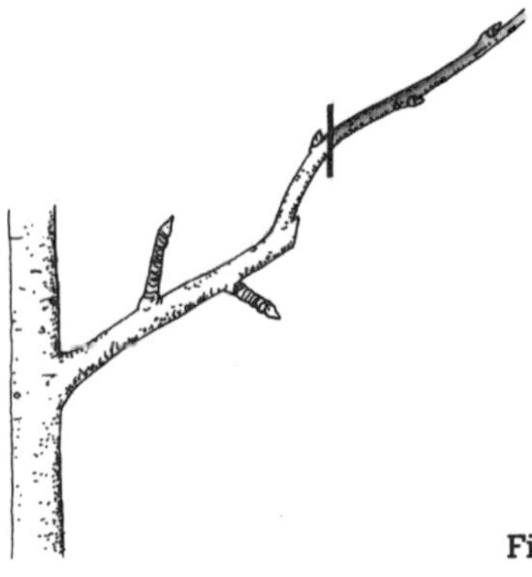

Fig. 43. Deux dards et un rameau à bois.

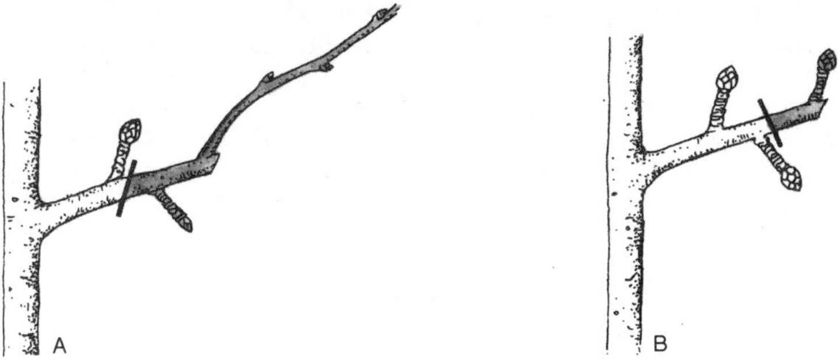

Fig. 44. Coursonne avec boutons à fleurs.

— **La coursonne porte un bouton à fleur :**
A) taillez immédiatement au-dessus. A partir du moment où la floraison est obtenue, il n'est plus utile de conserver le principe trigemme : on taille immédiatement au-dessus de cette lambourde ;
B) s'il y a plusieurs lambourdes, taillez au-dessus de la deuxième. Il serait mauvais d'en laisser davantage : ce serait donner trop de supériorité à la coursonne par rapport aux coursonnes voisines, qui pourraient s'affaiblir faute de sève.

— **Il s'est formé, sur les arbres très vigoureux, trois rameaux à bois :** (fig. 45). Toujours suivant les mêmes principes, on ne conserve que le plus près de la branche charpentière et on le taille à trois yeux. Toutefois, si par suite d'une anomalie de végétation, toujours possible, le rameau intermédiaire se trouvait nettement plus faible que celui de la base, c'est sur ce rameau plus faible qu'il faudrait réserver trois yeux — le rameau le plus près de la branche charpentière étant alors rabattu sur la base, ou plutôt sur son « empattement ».

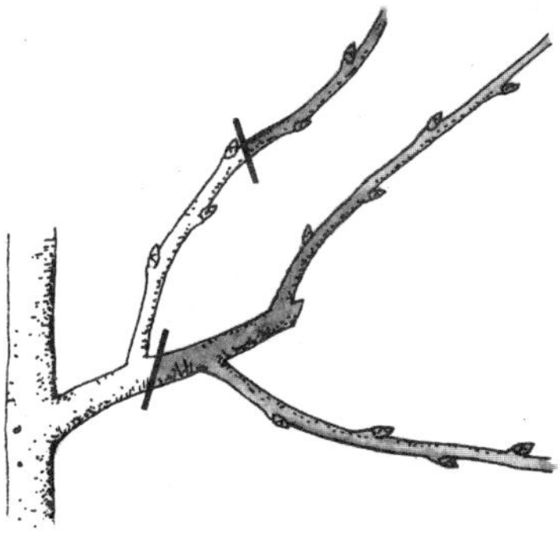

Fig. 45. Trois rameaux à bois.

— **Les trois yeux ont donné chacun un dard : (3 dards = 3 unités** [fig. 46]). Il ne faut pas tailler une telle coursonne. On pourrait être tenté de ne conserver que le dard le plus rapproché de la base, mais il se trouverait être le seul débouché des gros vaisseaux qui alimentaient les rameaux supprimés et il partirait à bois presque à coup sûr. Ce cas est différent du dard formé directement sur la branche charpentière : il est ici le seul élément et la circulation de sève y est plus réduite.

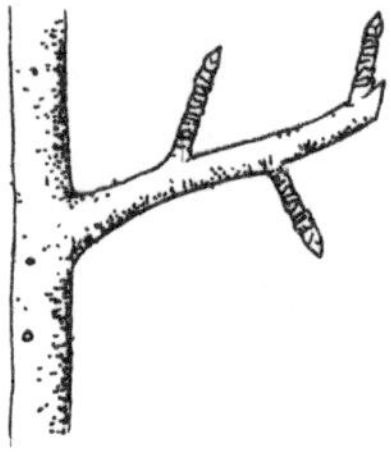

Fig. 46. Trois dards.

— **Un seul œil a évolué en rameau à bois.** Tous les cas étudiés précédemment supposent que les trois yeux conservés se sont développés. Or, il peut arriver qu'un ou deux de ces yeux restent latents.
Prenons le cas où un seul œil a absorbé toute la sève disponible et s'est transformé en rameau à bois (fig. 47). Cela se produit assez souvent chez certaines variétés. Il faudra tailler le rameau sur un œil, éventuellement à deux yeux, dans l'espoir de faire enfin développer les yeux inférieurs.

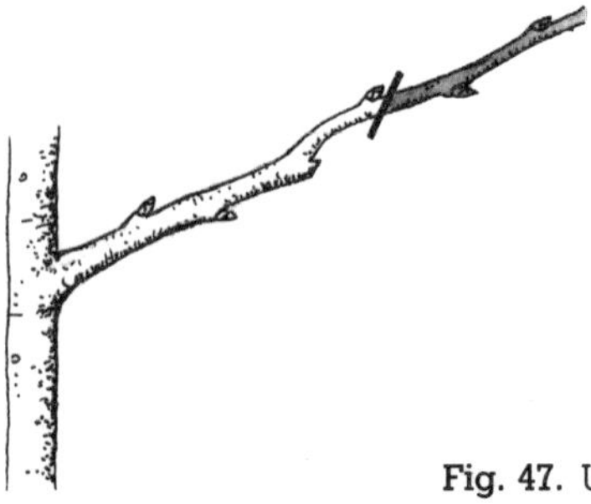

Fig. 47. Un seul œil a évolué en rameau à bois.

Fig. 48. Taille lorsqu'il y a eu formation de brindilles.
a Brindille. **b** Dard. **c** Rameau à bois.

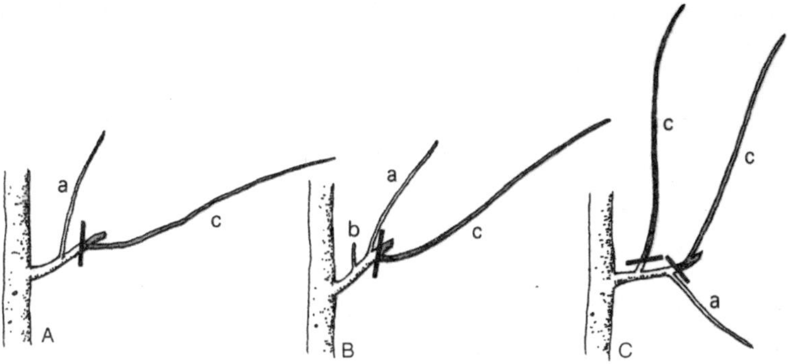

— **Enfin, il faut considérer le cas, fréquent chez certaines variétés, où il y a apparition de brindilles** : lorsque la brindille est située vers la base de la coursonne (en A sur la figure 48), on la conserve seule. Si la brindille se forme plus haut, on peut être conduit à conserver en outre un dard, ou même deux, mais on ne laisse, avec une brindille, aucune portion de rameau à bois (en B sur la figure 48). Si un tel rameau est inférieur à la brindille, on le supprime sur empattement (en C sur la figure 48).
Lorsque la brindille est longue ou très longue (par exemple, lorsqu'elle dépasse 15 cm), on peut ou bien la tailler comme un rameau à bois ou bien, ce qui est préférable, l'arquer, soit en l'introduisant sous une aspérité ou en l'attachant, soit encore en faisant un nœud. Ces opérations facilitent le couronnement de la brindille.

— **Cas des coursonnes anciennes sur de vieux arbres** : il faut toujours s'efforcer d'appliquer les mêmes principes. S'il y a plusieurs boutons, n'en laisser que deux ; sinon, il faut appliquer la taille trigemme, en combinant les coupes de manière à raccourcir le plus possible la coursonne. Si la coursonne ne porte qu'un seul dard, il faut conserver deux yeux sur le rameau qui est le plus près de la charpente ou sur le plus faible.

• La taille polygemme

Le développement des cultures fruitières a entraîné le désir d'aller vite et d'augmenter la production. Ainsi que nous l'avons vu, une formation trop rapide des arbres se traduit par une moins bonne répartition des coursonnes. On compense alors leur

nombre insuffisant en leur laissant non plus trois productions, mais cinq, six ou davantage. On obtient ainsi sur la charpente de véritables petits buissons fruitiers où, bien souvent, le sécateur n'a plus d'autre rôle que de supprimer les rameaux à bois, s'il en existe.
Cette méthode peut être tentante, mais nous vous conseillerons cependant de rester le plus près possible de la taille trigemme et de n'augmenter que progressivement le nombre des productions tolérées par coursonne.

• Autres tailles d'hiver

En dehors des systèmes de taille que nous venons de décrire, en nous efforçant d'être le plus clair possible, on pourrait imaginer bien d'autres méthodes. Nous dirons même que chaque praticien possède la sienne propre, qu'il a mise au point patiemment, en établissant une sorte de compromis entre ses connaissances théoriques et ses observations personnelles.

• Interventions en cours de végétation

Dans la recherche de la mise à fruits des espèces fruitières, et notamment du Poirier et du Pommier, d'autres opérations sont à effectuer en cours de végétation.

L'ébourgeonnement. Lorsqu'on observe un arbre, au printemps, on constate souvent l'apparition d'un nombre de jeunes pousses supérieur à celui prévu lors de la taille. Beaucoup d'yeux, en effet, passent inaperçus en hiver, ou bien encore il n'en est pas tenu compte parce qu'ils semblent mal conformés et peu aptes à se développer. Il est donc utile de supprimer un certain nombre de pousses peu de temps après leur apparition. Cette opération est effectuée vers le mois de mai, à l'aide du greffoir.
En ce qui concerne les Poiriers, l'ébourgeonnement ne se pratique guère sur les coursonnes. On se contente d'ébourgeonner les régions de l'arbre où poussent des rameaux vigoureux appelés « gourmands ».
L'ébourgeonnement étant pratiqué au printemps, il se formera presque sûrement, aux mêmes endroits, dans le courant de la saison, de nouvelles pousses moins vigoureuses, donc plus convenables, pour constituer des coursonnes.

Le pincement. C'est l'opération la plus importante parmi celles qui se font durant la période de végétation. Elle consiste, dans sa définition d'origine, à serrer l'extrémité du bourgeon entre

Fig. 49. A - Ébourgeonnement sur cordon vertical.

B - Ébourgeonnement sur cordon horizontal. Cette opération consiste à supprimer les « gourmands » qui se développent surtout aux extrémités des branches ou au niveau des courbures pour les formes palissées.

l'index et l'ongle du pouce, assez énergiquement pour la trancher, d'où le nom impropre de « pincement » qui lui a été donné. Le pincement a pour but de limiter, pendant les mois d'été, le développement des pousses à bois et d'empêcher l'affaiblissement consécutif des organes de faible vigueur. Il s'opère sur des rameaux herbacés que vous couperez facilement au sécateur au-dessus de cinq ou six feuilles. Sous l'influence du pincement, l'accroissement du rameau est arrêtée momentanément, car l'œil situé au-dessous de la plaie de taille est encore trop inorganisé pour pouvoir se développer et il faut attendre que son évolution se fasse. Si le pincement n'a pas été fait trop tard, cet œil pourra se développer et former une nouvelle pousse qu'il sera à nouveau nécessaire de pincer, mais à une ou deux feuilles seulement.

Le pincement a un effet bénéfique sur les yeux situés plus bas, et ceux qui auraient eu tendance à s'annuler ou à rester latents se constituent normalement et évoluent même en dards ou en lambourdes.

Le pincement s'applique à toutes les pousses à bois qui apparaissent sur les coursonnes ainsi qu'à celles qui naissent sur le prolongement d'un an.

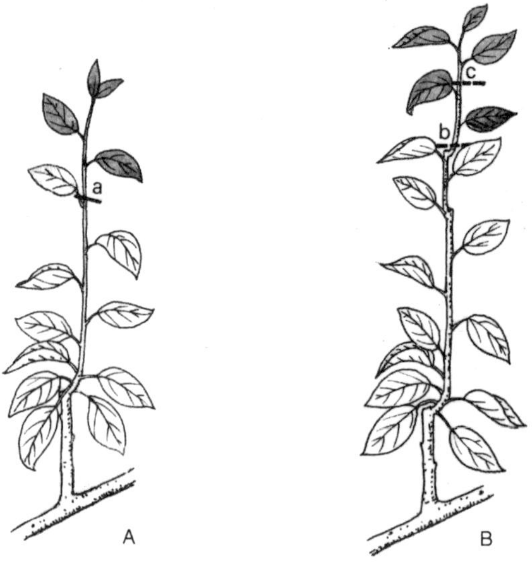

Fig. 50. Opération de pincement.
A - Premier pincement **a** au-dessus de cinq feuilles bien espacées.
B - Deuxième **b**, puis éventuellement troisième pincement **c** à deux feuilles.

Attention à la pousse de prolongement : elle gagne à être très vigoureuse et **ne doit pas être pincée**.
Cependant, dans le cas d'un déséquilibre grave, on peut envisager d'affaiblir un prolongement par pincement, mais celui-ci doit obligatoirement être effectué au-dessus du point de taille prévu pour l'hiver suivant, pour ne pas avoir à utiliser comme prolongement une partie du rameau anticipé, qui ne manquera pas de se développer mais dont le bois sera mou et mal constitué.
L'époque à laquelle on pratique le pincement a une grande importance. Plus il est exécuté tôt, plus il est efficace. On peut admettre que les pincements sont à commencer dès que les pousses atteignent une vingtaine de centimètres.

Chez les Poiriers, l'accroissement des pousses s'arrête toujours de bonne heure, en juillet. A partir de ce moment, la majorité des feuilles sont formées, et il n'en apparaît d'autres que très exceptionnellement. Au-delà de cette époque, le pincement ne pourrait amener qu'un assez faible renforcement des dards.
Le pincement joue encore un rôle favorable en limitant la transpiration. Dans la majorité des cas, les arbres se trouvent en effet bien pourvus en eau au printemps, puis, à mesure que la saison s'avance, le sol devient de plus en plus sec. Les feuilles sont alors trop nombreuses pour la petite quantité de sève fournie par les racines. Les fruits tombent en masse, ou tout au moins ne grossissent pas.

• La taille en vert

C'est une technique spéciale dont nous reparlerons à propos du Pêcher, qui est pratiquement la seule espèce concernée actuellement. Mais la taille en vert a eu ses heures de gloire pour d'autres espèces au début du XXe siècle sous le nom de « taille Lorette ».

• La taille Lorette

Le principe de cette taille, qui a eu ses fervents partisans et ses détracteurs acharnés, ne présente plus, à l'heure actuelle, qu'un intérêt historique. Cependant, son étude permet de noter maintes idées intéressantes et d'arriver à une meilleure compréhension du cycle évolutif de nos arbres.
M. Louis Lorette était chef arboriculteur et professeur à l'École d'agriculture de Wagnonville (Nord). Observateur attentif et indépendant d'esprit, il a cherché à comprendre son métier le mieux possible et même à innover à l'occasion. C'est ainsi qu'il fut amené à suivre de très près la question des pincements.

Nous avons déjà exposé (p. 74) l'utilité des pincements et ébourgeonnements, considérés comme opérations complémentaires de la taille trigemme. Lorette eut l'idée de retarder quelque peu l'époque de ces opérations, mais de les exécuter beaucoup plus sévèrement, c'est-à-dire d'effectuer les coupes à faible distance du point de naissance des rameaux.

Dans ces conditions, l'arbre se présente l'hiver suivant avec ses rameaux à bois déjà suffisamment raccourcis, ce qui supprime une des raisons essentielles de la taille d'hiver, qui est précisément de tailler lesdits rameaux.

Il ne reste plus qu'à envisager l'exécution des opérations complémentaires en été, telles que la réduction des dards en excédent, l'équilibrage des coursonnes, etc., et la taille d'hiver aura perdu toutes ses raisons d'exister...

La taille Lorette fut l'objet de nombreuses polémiques où la passion conduisit souvent à dépasser les limites d'une affaire qui aurait dû se maintenir strictement sur le plan technique. Il semble que maints échecs constatés furent occasionnés par des tailles trop précoces et trop radicales. Il est vraisemblable que les promoteurs de la taille Lorette ne surent pas reconnaître et éviter d'emblée ces écueils.

Cependant, les éditions successives de l'ouvrage *La Taille Lorette*, aujourd'hui épuisées, précisent qu'il ne faut pas tailler des rameaux herbacés mais attendre qu'ils soient nettement lignifiés, c'est-à-dire (pour la région parisienne) la fin juin et le mois de juillet, ou même plus tard.

Observons qu'à cette époque l'atmosphère et le sol deviennent de plus en plus secs. Il est donc logique de diminuer ainsi la surface foliaire de l'arbre, et d'économiser la sève pour assurer une meilleure évolution des fruits.

Ce premier principe apparaissant raisonnable, une autre question se pose : de combien faut-il raccourcir les rameaux ? La réponse donnée par Lorette est la suivante : il faut couper à peine au-dessus de l'empattement ou point de départ du rameau, soit à 10 ou 15 mm, et en conservant si possible une ou deux folioles.

Ce sont ces conseils, il faut le dire assez inquiétants, qui ont provoqué les plus vives critiques. Ne serait-il pas plus sage de conseiller pour les rameaux une sorte de taille trigemme exécutée en été ? En fait, divers auteurs, et notamment M. Chauffour, ont indiqué par la suite que seuls les rameaux exceptionnellement vigoureux devaient être taillés près de l'empattement, les autres l'étant à trois yeux. Mais d'autres auteurs continuèrent à défendre la taille sur empattement, en affirmant que le rameau supprimé développerait bientôt sur ses yeux de base des dards et même des lambourdes.

Ce véritable miracle se réalise effectivement de temps à autre, lorsque le climat et la variété s'y prêtent, mais c'était une erreur de présenter la chose comme un fait normal sur lequel on puisse compter sans restrictions dans la pratique. Ainsi, les plus enthousiastes défenseurs de la taille d'été, par leur excès de confiance, s'attirèrent de graves critiques.
Bien entendu, la méthode Lorette ne réside pas entièrement dans les principes énoncés ci-dessus. Parmi les autres idées intéressantes, il faut noter les suivantes :

1° Réaliser une charpente très aérée, assurant aux feuilles le maximum d'éclairement. Dans ce but, Lorette avait une préférence pour les formes de plein vent, telles que la pyramide ailée, et conseillait de porter l'écartement des branches des palmettes à 40 ou 50 cm au lieu de 30 ;

2° Tailler les prolongements en avril afin de mieux équilibrer les yeux conservés ;

3° Par la taille sur empattement des rameaux nés sur prolongement, s'opposer à la formation de couronnes vigoureuses et prépondérantes. Chercher au contraire à obtenir des couronnes faibles et nombreuses ;

4° Par une taille de révision en septembre, effectuer les dernières suppressions et simplifications qui dispenseront définitivement de la taille d'hiver.

Il faut reconnaître que toutes ces opérations sont assez longues à exécuter en pleine végétation, les feuilles empêchant de distinguer du premier coup d'œil les cas qui se présentent. Aussi cette taille en vert, dite taille Lorette, est-elle maintenant tombée en désuétude. Son promoteur aura néanmoins eu le mérite d'avoir été utile à l'arboriculture en éclairant d'un jour nouveau les phénomènes physiologiques présidant à la mise à fruits d'un arbre.

• La taille de restauration

Un autre aspect de la taille concerne la restauration de vieux arbres ou d'arbres négligés pendant plusieurs années. Cette taille de rajeunissement permet de garder l'essentiel de la charpente de l'arbre et de provoquer rapidement la mise à fruits. Malheureusement, les arbres à fruits à noyaux (Pruniers, Cerisiers) la supportent très mal et, bien souvent, elle entraîne leur mort à brève échéance ; il vaut mieux alors prévoir le remplacement des sujets concernés. En revanche, Poiriers et Pommiers réagissent très bien à un « rajeunissement », et leur production peut être prolongée de plusieurs années à condition que la charpente soit restée saine.

Les formes palissées. Le plus souvent, le défaut de taille se traduit par un emballement des parties supérieures de l'arbre au détriment des coursonnes inférieures. La taille sera plus ou moins sévère en fonction de l'état du sujet, mais il ne faut pas hésiter à tailler assez court pour ne conserver que les parties bonnes des branches charpentières.
Pour aider à une cicatrisation rapide des plaies, il est nécessaire d'appliquer du mastic anti-chancre sur chacune des coupes.

Les fuseaux ou quenouilles. C'est en général au centre de l'arbre, tout près de l'axe, que la végétation est devenue excessive. Il ne faut pas hésiter à procéder à un recépage sévère des branches excédentaires et à un raccourcissement plus ou moins important des autres rameaux selon que leur base est encore ou non pourvue de coursonnes.

Les arbres de plein vent. Généralement, leur cime est encombrée par une végétation excessive et désordonnée, alors que les branches extérieures dépérissent. Il y a lieu de bien dégager le centre en ne conservant que quelques rameaux jeunes bien placés. Ceux-ci seront ensuite taillés selon le principe de la formation du gobelet, mais en privilégiant toujours la forme naturelle de l'arbre.
Une erreur trop souvent commise consiste à raccourcir également toutes les branches sans en supprimer une seule : si l'arbre est vigoureux, il donnera, surtout dans les parties hautes, une profusion de pousses vigoureuses dont l'ombre empêchera la mise à fruits des branches faibles existant dans les parties basses.
C'est donc essentiellement à l'équilibrage, à la suppression des fourches et des croisements de branches qu'il faut penser. Le raccourcissement ne vient qu'en second lieu et doit être exécuté avec prudence.

La suppression des petites branches à fruits est en général plutôt nuisible. Toutefois, on pourra enlever celles qui se trouvent dans les parties centrales de l'arbre, là où la lumière et les pulvérisations pénètrent difficilement. Ces branches, faibles et mal éclairées, servent en effet de refuge aux parasites. Cette taille un peu particulière de restauration s'effectue au sécateur, au sécateur de force ou à la scie.

ph. 5

ph. 6

ph. 7

Les arbres ayant souffert du gel. Lors des hivers particulièrement rigoureux, il arrive que les arbres aient à souffrir du gel. En général, les dégâts se manifestent en premier lieu sur les boutons à fleurs, ou plus exactement sur le bois situé en dessous, et qui se termine dans le bouton lui-même en forme de cône. Cette partie gelée noircit, ce qui permet de constater le phénomène.

Ces dégâts peuvent également concerner le bois relativement tendre des bourses et, plus rarement, les rameaux à bois eux-mêmes, sauf en certains points ou au voisinage des yeux.
Il est beaucoup plus rare de constater les effets du gel sur des branches âgées. La chose peut se produire lorsque des températures très basses succèdent à un temps doux et pluvieux ayant facilité un mouvement de sève.

En général, la présence d'une zone morte et noircie sur le parcours de la sève n'entraîne pas la mort immédiate des parties qui la surmontent. Les boutons dont le bois est gelé peuvent très bien fleurir et même donner de petites poirettes. Mais, par la suite, il semble que la nourriture manque à ces nouveaux organes : les feuilles se chlorosent et les fruits tombent.

Si le cambium réussit à former une couche de nouveau bois au-dessus des tissus mortifiés, le mal se trouve réparé, au moins en partie, car une certaine fragilité des organes persiste. Dans le cas contraire, la partie supérieure meurt, immédiatement ou l'année suivante.

Lorsque les effets du gel ont été constatés sur de nombreuses lambourdes, le mieux à faire est donc de renoncer délibérément à tout espoir de récolte, et d'exécuter une taille courte visant au rajeunissement partiel des coursonnes.
On obtiendra ainsi de nouvelles productions fruitières sur un bois parfaitement sain, ce qui est infiniment préférable aux coursonnes dépérissantes que l'on aurait pu conserver. Des pincements réitérés devront équilibrer entre elles les jeunes coursonnes en formation.

Si le gel a nettement atteint la charpente de l'arbre, il ne faut pas hésiter à envisager de suite un recépage, accompagné éventuellement d'un regreffage. Une nouvelle charpente se reformera très vite et donnera toutes garanties de fertilité. Notons cependant qu'il n'est pas toujours facile de constater de suite de tels dégâts, ce qui conduit à retarder le recépage jusqu'à l'année suivante.

Arbres fruitiers à pépins autres que le Poirier

Le Pommier

Tout ce que nous avons dit précédemment, bien que plus spécialement applicable au Poirier, peut, en gros, être dit à propos du Pommier. Nous allons reprendre cette étude en montrant quelles sont les différences essentielles entre ces deux espèces d'arbres à pépins.

• Le mode de végétation

Le Pommier donne exactement les mêmes productions que le Poirier. On y observe des pousses à bois, des brindilles, des dards.
Le bouton, qui se forme aux extrémités des dards et brindilles, présente un aspect analogue à celui du Poirier, mais il est un peu velu et souvent moins facile à reconnaître en hiver. Aussi préfère-t-on souvent tailler en fin d'hiver lorsque les boutons à fleurs sont déjà gonflés et bien visibles.
Les yeux, situés à la base des rameaux, sont généralement mieux constitués et partent plus facilement que chez le Poirier. Pour cette raison, on peut tailler le Pommier un peu plus court que le Poirier et la taille trigemme devient ainsi une taille « bigemme ». Bien entendu, cela ne veut pas dire qu'une taille aussi sévère soit obligatoire ; la taille polygemme dont nous avons déjà parlé est très souvent pratiquée sur le Pommier, d'autant plus que cet arbre, lorsqu'il est vigoureux et conduit en petites formes, devient facilement infertile.
Une autre différence notable entre les deux espèces concerne les productions fruitières : celles du Pommier évoluent beaucoup plus vite que celles du Poirier.
Alors qu'un dard de Poirier vit généralement deux ou trois ans avant d'évoluer en bouton à fruit, cette transformation se produit souvent chez le Pommier dès la première année. Sur les variétés très florifères, on observe même souvent la transformation en boutons, dès la première année, de certains yeux portés par les pousses à bois. Cette rapidité d'évolution devrait assurer au Pommier une grande fertilité. Malheureusement, il n'en est pas toujours ainsi.
Tout d'abord, lorsqu'un Pommier se trouve sur un sol riche, où les racines peuvent puiser à volonté, il prend une vigueur telle que sa fertilité est presque nulle tant qu'il n'a pas acquis un très grand

développement. On y remédie partiellement en arquant quelques branches. Bien entendu, cet inconvénient est particulièrement grave en ce qui concerne les cordons, et il vaut mieux éviter cette forme en terrain frais, à moins d'utiliser des porte-greffes spéciaux. Il est par ailleurs certain que la fertilité dépend des conditions locales et de l'état sanitaire des arbres, toutes choses que nous n'avons pas à envisager ici, mais qui sont très importantes.
Lors de la taille, il ne faudra pas oublier que les plaies faites sur le Pommier s'infectent très facilement pour donner des chancres, en particulier sur certaines variétés comme la Reinette du Canada. Il faudra donc travailler très proprement et mastiquer au besoin.

• Les pincements et la taille Lorette

Il est reconnu que le Pommier gagne à être pincé de bonne heure et assez court. Cette façon de faire contribue à assurer une évolution rapide vers la mise à fruits. On pince généralement à trois feuilles au-dessus de la rosette de base (si elle existe). Lorsque le pincement provoque le développement de pousses anticipées, on taille ces dernières à deux feuilles, comme il a déjà été indiqué précédemment.

L'utilité des pincements courts ayant été établie par divers expérimentateurs, il n'y a qu'un pas à faire pour admettre l'efficacité de la taille Lorette sur le Pommier. Cette taille précoce aura moins tendance que chez le Poirier à provoquer la sortie de « faux bourgeons », et l'on peut compter d'une façon beaucoup plus régulière sur la formation quasi immédiate de lambourdes au voisinage des pousses traitées à la Lorette.
La taille sur rides, exécutée au printemps (ou en hiver) sur les coursonnes trop longues, donne généralement aussi de bons résultats. Mais — il en est de même pour le Poirier —, il est dangereux de tailler une coursonne sur empattement, même au printemps.

En ce qui concerne la taille d'automne, complémentaire de la méthode Lorette, il faudra de préférence la pratiquer assez tard, car la végétation du Pommier se prolonge plus que celle du Poirier, et, en opérant trop tôt, on pourrait provoquer un début d'évolution de certains yeux avant l'hiver, voire des floraisons intempestives très nuisibles à la santé de l'arbre.
Comme pour le Poirier, la vigueur de l'arbre dépend du terrain, du climat et des porte-greffes.

• Les formes à préférer

Le Pommier est, la plupart du temps, conduit soit en cordons horizontaux soit en haute-tige non régulièrement taillée. Il est assez curieux de remarquer que l'on adopte ainsi pour la même espèce deux formes extrêmes au point de vue volume. En fait, afin de produire de la pomme de qualité d'une façon importante, on cherche à donner au Pommier des formes plus importantes que le cordon, tout en conservant une grande facilité de traitement et de récolte.

Les diverses palmettes, les V, les U, sont des formes assez fréquemment utilisées pour constituer des contre-espaliers.
Le fuseau est parfois employé, mais il est difficile de le conserver en bon état lorsque le chancre est à craindre.
Le gobelet nain, ou sur tige de 1 m, est utilisé bien souvent, soit avec la taille classique soit en ne taillant que très sommairement comme si l'on avait affaire à un arbre de plein vent. Les résultats ainsi obtenus peuvent être très bons, si l'on réussit à concilier le volume et la vigueur.
Il convient aussi de signaler que la formation par arcure a tout d'abord été appliquée au Pommier. Tout ce que nous avons dit à ce propos est par conséquent valable pour cette espèce.

Le Cognassier

Il produit des fleurs solitaires à l'extrémité de petites pousses feuillées. Les fleurs se forment d'autant plus facilement que les branches sont plus ramifiées. Pour cette raison, le Cognassier est généralement abandonné à lui-même sans aucune taille. Il prend la forme d'un buisson plus ou moins élevé sur une tige centrale. La taille de formation se limite donc à élever cette tige de 1 m ou 1,50 m, puis à conserver au sommet les trois ou quatre rameaux qui donneront les branches principales.

Le Néflier commun

Le Néflier commun donne, comme le Cognassier, des fleurs solitaires à l'extrémité de certaines pousses de l'année précédente. La plupart du temps, il est greffé sur tige d'Aubépine, et la tête se forme sans surveillance.
De floraison tardive (fin mai), ce Néflier n'est pas exposé aux

gelées printanières. La récolte s'effectue assez tard en automne, de façon à ce que les fruits subissent une ou deux gelées sur l'arbre.

Le Néflier du Japon

Différent du précédent, ce Néflier, encore appelé **Bibacier**, est originaire du Japon et à feuillage persistant. Il n'est cultivé en tant qu'arbre fruitier que dans les zones à climat méridional, où la température hivernale ne descend pas au-dessous de – 1 °C. La floraison se produit en fin d'automne et la fructification s'étale d'avril à juin.

Cette espèce est élevée en forme libre ou en gobelet. La taille de fructification consiste simplement à supprimer les rameaux ayant déjà fructifié. Elle s'effectue après la récolte, en juin.

Compte tenu de la beauté de son feuillage, le Néflier du Japon est aussi utilisé comme essence d'ornement dans des zones à climat privilégié. Dans ce cas la taille est pratiquement inexistante.

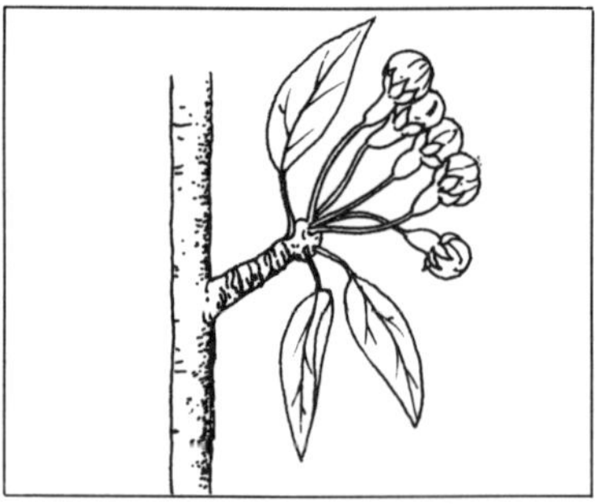

LES ARBRES À FRUITS À NOYAUX

Le Pêcher

Nous abordons ici une taille type très importante par elle-même, et qui va nous servir de modèle pour toutes les autres tailles d'arbres à fruits à noyaux.
Nous suivrons le même processus que pour la taille du Poirier : étude du mode de végétation, taille de formation, taille des coursonnes. Toutefois, étant donné que, suivant les climats, la formation et la taille peuvent varier simultanément, nous serons amenés à traiter séparément quelques cas particuliers. Les Pêchers peuvent, en effet, être disposés en espaliers et soumis alors à une taille sévère, ou bien, au contraire, cultivés en plein vent, notamment dans le Midi, ce qui conduit à une taille plus rudimentaire.

LE MODE DE VÉGÉTATION

Les Pêchers, de même que les Poiriers, et tous les arbres en général manifestent leur activité végétative en produisant chaque printemps des pousses allongées garnies de feuilles. A l'aisselle de chaque feuille se trouve un œil, accompagné, comme chez le Poirier, d'yeux stipulaires. Mais ici les yeux stipulaires sont en général bien plus visibles que chez le Poirier, ce qui donne l'impression d'un œil triple (fig. 51).
Sur le Poirier, on constate que la vigueur se traduit surtout par un fort allongement et un grossissement du rameau. Seuls quelques yeux de la partie inférieure se sont un peu allongés en forme de dards ou d'épines. En somme, la pousse ne se ramifie pas la première année (fig. 52).
Sur le Pêcher, au contraire, nous remarquons un grand nombre de ramifications issues du développement immédiat de certains yeux : on les appelle rameaux anticipés parce qu'ils apparaissent en quelque sorte avec une année d'avance.

Fig. 51.
Un « œil » sur rameau de Pêcher. On remarque que le développement important des yeux stipulaires donne l'impression d'avoir affaire à un « œil triple ».

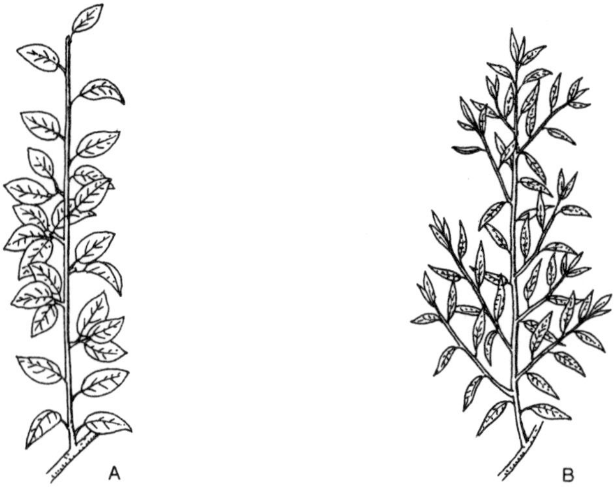

Fig. 52. Comparaison de l'évolution d'un rameau de Poirier et d'un rameau de Pêcher en une année.
A - Poirier : le rameau s'allonge et grossit sans se ramifier.
B - Pêcher : plusieurs ramifications secondaires se développent à l'aisselle des feuilles dès la première année. Ce sont des rameaux « anticipés ».

Chose curieuse, il arrive souvent que les yeux stipulaires, qui accompagnaient l'œil principal, ayant donné le rameau anticipé, soient pour ainsi dire entraînés pendant la croissance : on les trouve à 2 ou 3 cm du point de ramification, l'un à côté de l'autre, ou légèrement décalés (fig. 53).

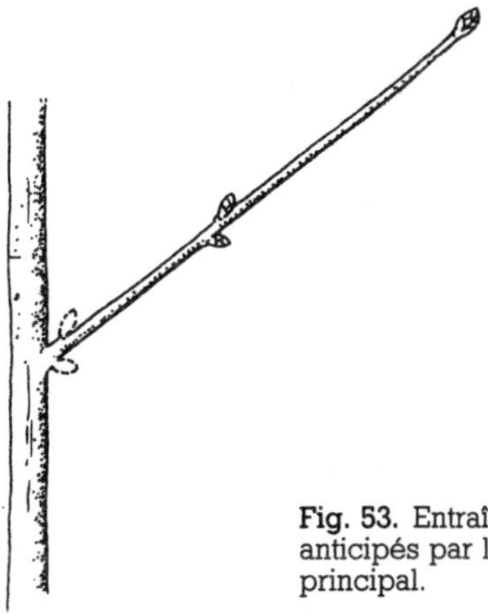

Fig. 53. Entraînement des bourgeons anticipés par le rameau issu de l'œil principal.

Cette observation a une conséquence pratique importante :
□ *il ne faut jamais couper un rameau anticipé au-dessous des stipulaires.* Sinon, aucune végétation ne pourrait désormais apparaître à cet endroit, ce qui correspondrait à la perte d'une coursonne.
Les yeux, dont nous venons d'observer la présence à l'aisselle des feuilles, vont rester au repos pendant l'hiver suivant, puis commenceront à évoluer de très bonne heure au printemps. Que deviendront-ils alors ? Disons tout de suite que leur position, soit sur le rameau normal, soit sur un rameau anticipé, semble n'avoir que peu d'influence sur leur avenir.
En examinant un Pêcher vers l'époque du débourrement, nous constaterons que les yeux peuvent évoluer de deux manières différentes. Les uns s'allongent et verdissent ; ils donneront de nouvelles pousses : ce sont des yeux à bois. Les autres se gonflent, s'arrondissent et laissent voir un point rose à leur sommet : ce sont des boutons qui donneront chacun une fleur unique (et non un bouquet de fleurs comme chez le Poirier).
Il faut observer que les yeux stipulaires suivent souvent cette évolution presque aussi vite que les yeux principaux : ils semblent même donner plus facilement des fleurs. On constate alors

que l'œil à bois central est entouré de deux boutons floraux. Tous les cas peuvent se présenter. Les plus fréquents ont été représentés sur la figure 54.

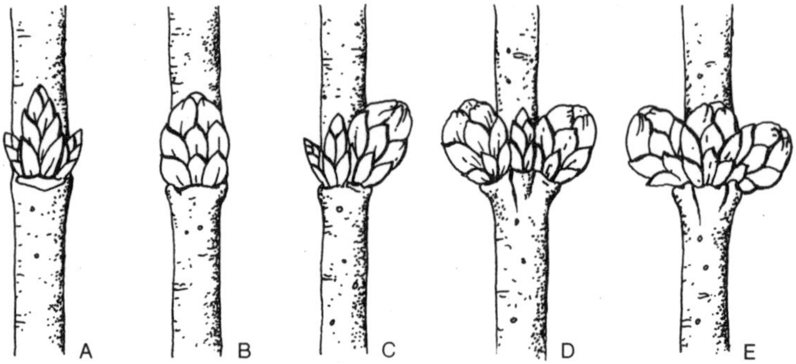

Fig. 54. Les principaux cas d'évolution de l'œil du Pêcher et des stipulaires.
A - Œil à bois seul, entouré de deux stipulaires restés petits.
B - Bouton à fleur seul.
C - Un œil à bois et un bouton.
D - Un œil à bois et deux boutons.
E - Trois boutons.

Un rameau peut ne porter que des yeux à bois (en A sur la figure 55). Cela s'observe surtout sur de jeunes Pêchers de semis. Mais le « rameau à bois » est rare sur les arbres adultes, qui se couvrent toujours au printemps d'une multitude de fleurs. La taille du Pêcher n'est donc pas destinée, comme on le croit parfois, à favoriser la formation des fleurs et nous définirons plus loin son rôle.
Un rameau donné peut porter, dans un ordre quelconque, les diverses productions représentées sur le dessin ; c'est alors un rameau mixte (en B sur la figure 55). C'est un cas très fréquent, surtout lorsque les pousses sont longues et vigoureuses ; on en obtient toujours de beaux fruits et des coursonnes bien assises. Certaines pousses dites chiffonnes (en C sur la figure 55) ne portent, sur tout leur parcours, que des boutons (ou des yeux à bois mal constitués). Seule leur extrémité présente un œil à bois vigoureux et capable de se développer normalement. Les rameaux anticipés se transforment souvent en chiffonnes, parfois en rameaux mixtes.

On observe encore sur les Pêchers des productions courtes, tout à fait comparables aux « dards » de Poiriers et Pommiers. Leur œil terminal, seul, est bien développé (en D sur la figure 55).

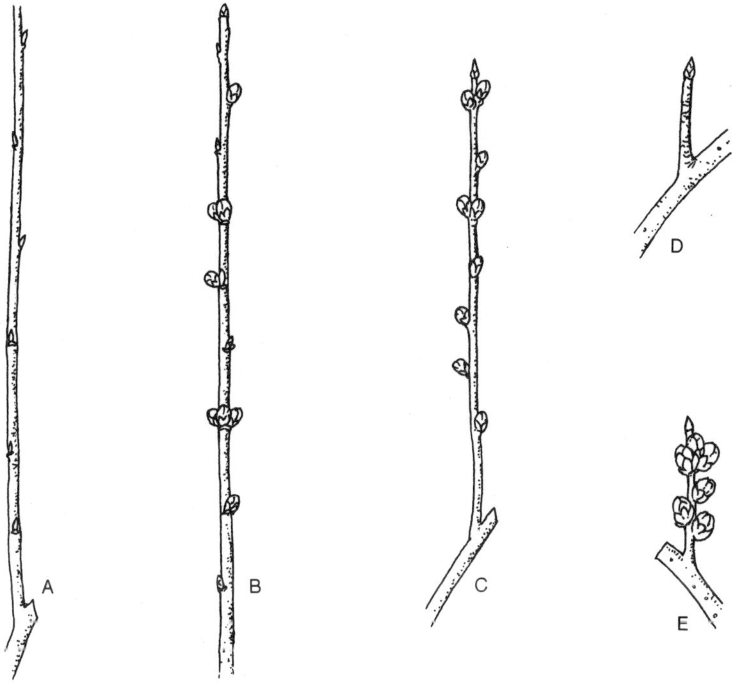

Fig. 55. Dénomination des différentes productions du Pêcher en fonction des yeux que l'on y trouve.
A - Rameau à bois.
B - Rameau mixte.
C - Chiffonne.
D - Dard.
E - Bouquet de mai.

Enfin, le bouquet de mai est un dard portant de nombreux boutons. Seul son œil terminal peut partir à bois (en E sur la figure 55). Le bouquet de mai se retrouve chez tous les arbres fruitiers à noyaux : Cerisiers, Pruniers, Abricotiers. Chez le Cerisier, il constitue même la production fruitière par excellence, et chacun se souvient d'avoir cueilli, sur ces arbres, de véritables petits bouquets de cerises qui ne sont autres que des « bouquets de mai ». Chez le Pêcher, les bouquets de mai et les chiffonnes se trouvent en proportion plus ou moins grande suivant la variété et l'état sanitaire de l'arbre.

Fig. 56. Disposition des fruits sur rameaux de Pêcher.
A - Avec pousses sur rameaux mixtes.
B - Sur chiffonne avec sa pousse terminale.

Enfin, une dernière particularité caractérise la végétation du Pêcher. Les productions courtes (dards et bouquets de mai) sont exceptionnelles et toutes les pousses longues sont porteuses de fleurs et, éventuellement, de fruits (fig. 56). En suivant l'évolution d'un rameau ayant porté des fruits l'année qui suit sa formation, on constate l'annulation de tous les yeux latents situés le long de ce rameau. La floraison de l'année suivante ne peut donc se produire désormais que sur les jeunes pousses nées de ce rameau.
Si le rameau considéré est un rameau mixte, il peut donner des pousses nouvelles soit vers sa base, soit au voisinage des fruits, soit à son extrémité (en A sur la figure 56). Mais si le fruit est porté par une chiffonne (n'ayant pas d'yeux à sa base), la pousse ne peut se produire qu'à l'extrémité, à partir de l'œil terminal (en B sur la figure 56).

En résumé :
1° les pêches sont toujours portées par le bois de l'année précédente et ce bois ne produit qu'une seule fois ;
2° l'apparition de pousses nouvelles chaque année est indispensable non seulement pour assurer l'allongement de la charpente, mais surtout pour assurer la fructification de l'année suivante.

Cependant, par une taille bien comprise, nous verrons qu'il est possible de constituer sur les Pêchers de véritables coursonnes artificielles s'allongeant peu d'une année à l'autre. Il devient alors possible, sans nuire à la production, de maintenir les arbres dans une forme déterminée et de les conduire notamment en espaliers le long d'un mur, lorsqu'on se trouve en limite des zones favorables à la culture en plein vent.

LA TAILLE DE FORMATION

Les formes à donner aux Pêchers dépendent des conditions, très variables, dans lesquelles on les cultive.
Les formes libres — gobelet, boule, etc. — impliquent la culture en plein vent, qui ne peut être entreprise avec succès que sous un climat relativement chaud comme celui du midi de la France ou dans des zones bénéficiant d'un microclimat favorable.
Dans le nord de notre pays, la culture en espalier s'impose souvent. Les étés y sont en effet trop courts pour permettre en plein vent une formation de réserves suffisantes. On constate dans ces conditions une mauvaise tenue des fleurs, d'ailleurs

aggravée par les gelées tardives, ainsi que par des périodes froides et pluvieuses pouvant se prolonger jusqu'en juin. C'est le phénomène d'« arrêt de sève » bien connu, même dans certaines contrées où le Pêcher est cultivé couramment.
L'espalier bien exposé bénéficie d'un microclimat favorable à l'allongement de la durée de végétation de l'arbre. Les radiations reçues par le mur de l'espalier se transforment en chaleur, d'où une augmentation de la température ambiante. De plus, la chaleur s'accumule partiellement pendant le jour dans la maçonnerie (qui doit être épaisse), pour être restituée la nuit et limiter ainsi les risques de gelées tardives. Le mur protège encore les jeunes pousses fragiles contre les vents violents qui finissent par les froisser, les blesser, et qui — ne l'oublions pas — transportent des germes de maladies. Enfin l'espalier, surtout s'il est muni d'un auvent à sa partie supérieure, protège les fleurs contre les pluies persistantes qui en provoquent la coulure. Ces auvents doivent d'ailleurs être retirés en été pour la raison inverse : le feuillage, soumis à une perpétuelle sécheresse, se couvrirait de poussières gênantes et serait très sensible à certains parasites.

Les formes palissées

Disons tout de suite que ces formes doivent être simples afin de réduire au minimum les risques de mutilation par suite de la mort d'une branche, accident beaucoup plus fréquent chez le Pêcher que chez le Poirier.

La palmette oblique est difficile à réaliser impeccablement avec le Pêcher, mais il est toujours possible d'adopter une formation « à la diable » qui consiste simplement à palisser toutes les branches en éventail, sur un treillage, en ne supprimant que le bois en excès (fig. 57). On réalise ainsi une sorte de « forme naturelle » d'espalier capable de fructifier convenablement.
Compte tenu du fait qu'il est nécessaire de palisser non seulement les branches charpentières mais aussi toutes les petites pousses (chiffonnes et rameaux mixtes), les branches charpentières du Pêcher doivent être sensiblement plus espacées que celles des palmettes de Poirier. Leur écartement minimum doit être de 50 cm.

L'U simple. Sa formation commence en pépinière, où l'on cherche d'abord à établir une tige simple, ou scion. Le porte-greffe

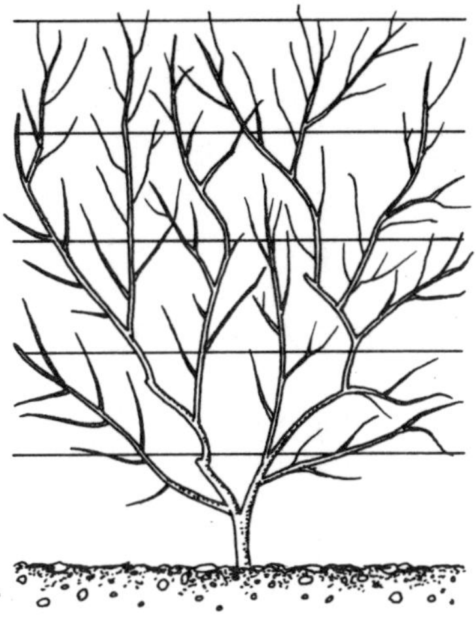

Fig. 57. Pêcher palissé « à la diable ».

du Pêcher peut être soit l'Amandier, tolérant sur la nature du sol, le Pêcher franc, qui donne le maximum de vigueur en terre non calcaire, ou bien le Prunier, qui supporte mieux une certaine humidité.

Le plant écussonné est rabattu pendant l'hiver à 10 cm au-dessus de la greffe et, au printemps suivant, l'écusson donne une pousse vigoureuse que l'on attache à l'onglet afin de lui imprimer une direction bien verticale. L'onglet est coupé au ras de la greffe, dans le courant de l'été. Le scion est ainsi définitivement constitué. Arraché en automne, il est prêt à être replanté à sa place définitive pour subir la taille de formation.

Pour constituer le U en espalier, nous placerons le scion le long d'un mur (fig. 58). Contrairement à ce qui se passe pour le Poirier et le Pommier, la végétation du Pêcher ne stagne pas l'année qui suit la plantation. Dès la mise en place, il est donc possible de tailler le scion à une hauteur de 30 cm environ afin d'obtenir les deux branches de l'U dont la partie horizontale se trouvera à environ 40 cm du sol.

Le scion d'un an portant presque uniquement des yeux à bois, il sera facile d'obtenir ces deux branches, et peut-être même de les avoir exactement au même niveau, en partant d'un œil double (ou triple). Il arrive parfois que les yeux situés au voisinage du point où l'on désire tailler se soient transformés en rameaux anticipés avec entraînement des yeux stipulaires (fig. 59). Il devient alors obligatoire de conserver un fragment de ce rameau anticipé, afin d'utiliser les yeux qu'il porte, comme nous l'avons expliqué précédemment (voir « Le mode de végétation », p. 88).

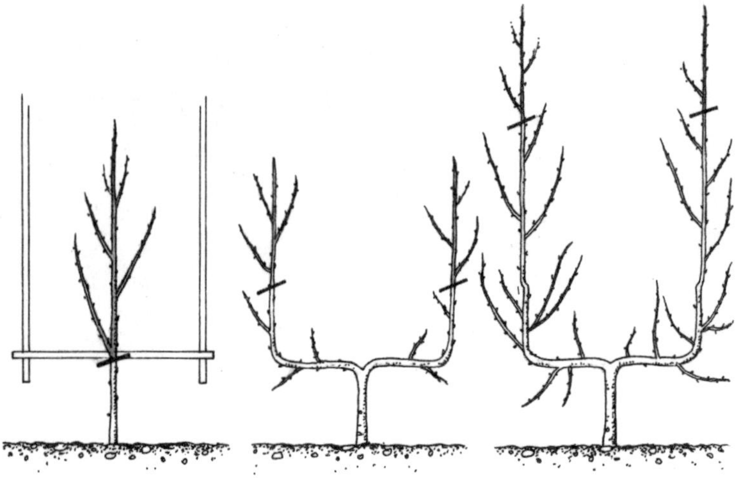

Fig. 58. Les différentes étapes de formation d'un U à partir d'un scion.

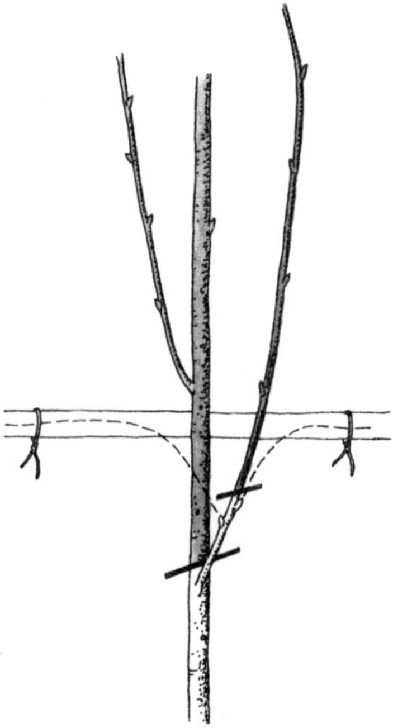

Fig. 59. Exemple d'utilisation des yeux stipulaires pour l'obtention de deux départs symétriques (pour formes palissées).

ph. 8

ph. 9

ph. 10

On peut même l'employer en entier ; il contribuera ainsi à la formation de la charpente. Il n'y a pas d'inconvénient grave à utiliser les rameaux anticipés du Pêcher pour la formation. Ils sont évidemment un peu minces et les pousses résultantes sont faibles, mais, en général, ces différences s'atténuent par la suite. (Rappelons que, dans le cas du Poirier, nous avions déconseillé l'emploi des bourgeons anticipés apparus à la suite des pincements, parce que mal aoûtés.)
Si tout se passe normalement, nos deux branches atteindront, dès la première année, les lattes verticales qui leur sont destinées, après avoir formé deux coudes à angle droit. Par la suite, il nous suffira d'allonger ces branches chaque année, en taillant les prolongements assez longs : environ aux deux tiers de leur longueur. La mauvaise répartition des coursonnes, par suite d'un allongement trop rapide des branches, est évidemment à craindre, mais moins que chez le Poirier.
Bien entendu, il faudra, comme toujours, se préoccuper de l'équilibre. Si l'une des branches tend à devenir plus vigoureuse que l'autre, il sera nécessaire de la tailler plus court que la branche faible (fig. 60).

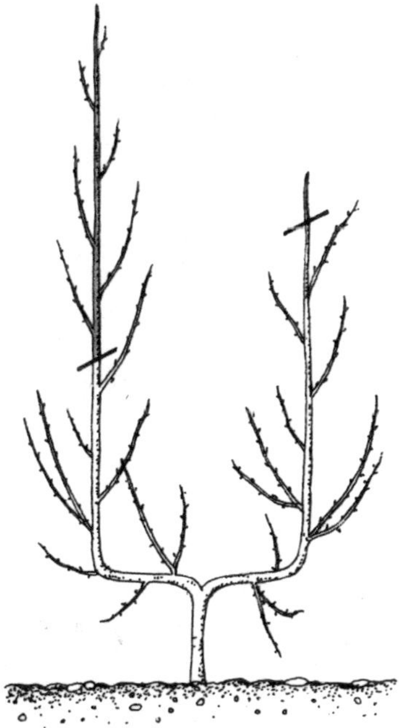

Fig. 60. Taille d'équilibrage en cas de pousses asymétriques. La pousse la plus vigoureuse est taillée plus court que la faible.

L'emploi d'un rameau anticipé comme prolongement, dont nous parlions précédemment, constitue également un moyen d'affaiblissement efficace et très utilisé, mais le risque de dégarnissement de la charpente est alors un peu accru.

L'U double peut être admis à la rigueur, et assure un bon équilibre.

La taille des Pêchers s'exécute généralement en fin d'hiver, lorsque les boutons à fleurs sont déjà gonflés, ce qui permet de les distinguer facilement des yeux à bois. Pour cette opération, il faut toujours utiliser des instruments très propres, car les plaies s'infectent facilement et il en résulte de la gomme. Pour la même raison, il est préférable, comme pour les autres espèces, de tailler par temps sec.
De toute façon, l'emploi du mastic à cicatriser est indispensable sur les plaies d'un certain diamètre, et notamment lors de la première taille du scion.

Enfin, un dernier détail d'importance concerne **les ligatures** lors du palissage des rameaux sur les lattes ou fils de fer disposés à cet effet. Le lien ne doit pas être serré, car les branches du Pêcher grossissent rapidement, surtout en automne, et l'on risque d'être surpris en voyant une branche complètement « étranglée » par une ligature posée depuis quelques mois seulement. La branche peut se déformer, ou même se casser, au niveau de l'étranglement.

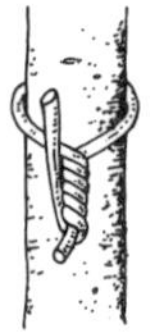

Voir figure 14, les différentes phases de ligature à l'osier.

Les formes de plein vent

Nous ne nous étendrons pas sur les diverses formes adaptées selon les régions aux cultures de rapport dans le but de faciliter la cueillette et les traitements, et de faire bénéficier les fruits d'un maximum d'éclairement. En culture d'amateur, les formes de plein vent se limitent à la demi-tige ou à la tige dont la taille est alors plus limitée qu'en formes palissées. Elle peut se borner à la suppression du vieux bois et au dégagement du centre de l'arbre pour faciliter la pénétration de l'air et de la lumière.

LA TAILLE DE FRUCTIFICATION

L'évolution de l'œil à bois en bouton à fleur est rapide et ne passe pas par divers états intermédiaires. Si l'œil ne se développe pas, il s'annule.
Les indications que nous allons donner en premier lieu s'appliquent plus spécialement à la taille des Pêchers en espalier, dont la charpente relativement petite oblige à maintenir les coursonnes aussi courtes que possible. Ultérieurement, nous verrons que, pour les Pêchers de plein vent, la taille peut être beaucoup plus sommaire, et souvent même comprise de façon toute différente.
Rappelons que les diverses productions du Pêcher portent des fleurs, des fruits et des pousses nouvelles l'année qui suit leur apparition. Ensuite, elles se « neutralisent », c'est-à-dire que les yeux latents qui peuvent persister sur ces pousses deviennent, sauf rares exceptions, incapables de se développer en pousses ou en feuilles. Nous avons déjà montré que ce mode de végétation provoque l'allongement et la ramification des branches du Pêcher, sans qu'il y ait différenciation de coursonnes fruitières réduites, comme cela se produit spontanément chez le Pommier, par exemple. Il nous faudra donc modifier sérieusement le mode de vie habituel du Pêcher si nous voulons, par une taille appropriée, lui imposer, en quelque sorte, des « coursonnes stables ».
Considérons tout d'abord ce qui peut advenir d'un rameau de prolongement âgé d'un an, et sur lequel nous désirons obtenir des coursonnes. En général, un tel rameau porte des yeux non évolués et quelques bourgeons anticipés.

Les bourgeons anticipés pourraient donner des fleurs et des fruits dès l'année qui suit leur apparition, mais il en résulterait un appel de sève qui empêcherait les yeux non évolués de partir vigoureusement. Nous conseillons donc de rabattre les anticipés sur les yeux stipulaires afin que, pour cette seconde année d'existence de la branche, toutes les coursonnes « partent de zéro » (en A sur la figure 61, page suivante). (Nous répétons que les yeux stipulaires des anticipés sont fréquemment entraînés à quelques centimètres de la branche mère.)

Notre prolongement ainsi réduit à sa plus simple expression, et, de plus, raccourci à la longueur voulue suivant les règles de la taille de formation, va donner dans le courant de l'été un certain nombre de productions que nous nous contenterons de palisser sur les lattes, afin de leur donner une disposition symétrique dite « en arête de poisson ».

La figure 61 (en B) nous montre l'aspect de la branche au printemps suivant. Nous y reconnaissons les différentes productions et nous allons maintenant étudier l'évolution de chacune d'elles pendant les années qui vont suivre.

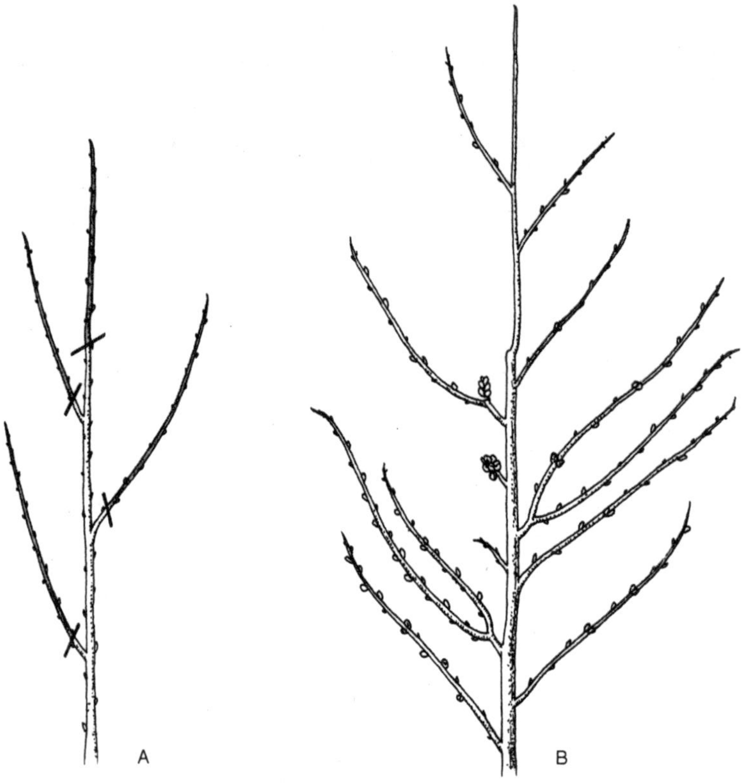

Fig. 61. Taille des coursonnes.
A - Taille d'un prolongement et rapprochement des anticipés sur les stipulaires.
B - L'évolution du rameau l'année d'après.

Nous commencerons par le cas du **rameau mixte**, qui est à la fois le plus fréquent et l'un des plus favorables à la production (fig. 62). De la sorte, nous aurons déjà une bonne idée de la manière dont se forment et se conservent les coursonnes.

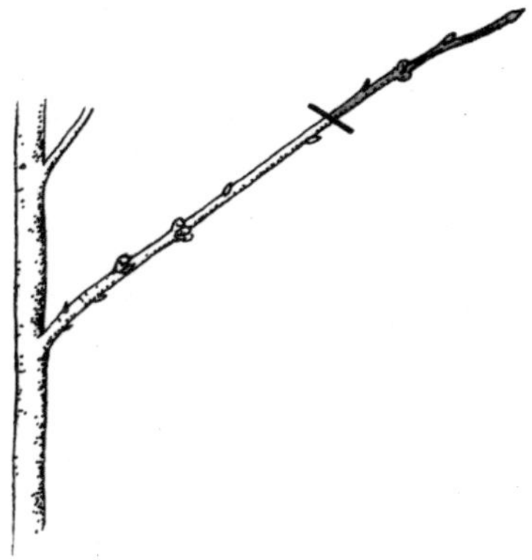

Fig. 62. Taille du rameau mixte. Elle s'effectue toujours au-dessus d'un œil à bois.

La première taille du rameau mixte consiste en un raccourcissement afin d'obtenir des fruits aussi peu éloignés que possible de la charpente. Ils seront ainsi plus beaux. En outre, ce rapprochement va favoriser les yeux situés vers la base du rameau, dont nous définirons, tout à l'heure, le rôle important.
On taille généralement le rameau mixte au-dessus de trois ou quatre fleurs qui sont nécessaires pour avoir suffisamment de chances d'obtenir un ou deux fruits.

□ Il faudra bien se garder de tailler le rameau mixte immédiatement au-dessus d'une fleur non accompagnée d'un œil à bois et tailler au-dessus du premier œil à bois qui la surmonte. Il est en effet prouvé que les fruits ne se développent bien que s'ils sont accompagnés ou surmontés d'une jeune pousse que l'on appelle un « tire-sève ». Le rôle de cette pousse n'est pas seulement d'attirer la sève (ce qui semblerait plutôt préjudiciable au fruit), mais d'assimiler le carbone nécessaire à la constitution du fruit.
En mai, un certain nombre des yeux portés par le rameau mixte donneront autant de jeunes pousses. Il faudra alors procéder à l'**ébourgeonnement**, qui consiste à supprimer ces pousses, sauf les suivantes (qui seront ultérieurement pincées) :

Fig. 63. Développement du rameau mixte taillé de la figure précédente.
a - Remplacements à conserver.
b - Tire-sève accompagnant les fruits, à pincer à cinq feuilles.
c - Pousses inutiles à supprimer.

a) le tire-sève, dont nous avons défini le rôle. Si deux fruits se trouvent placés sur le rameau à deux hauteurs différentes, on pourra éventuellement laisser un tire-sève à chacun d'eux. C'est le cas représenté sur le dessin ;
b) une ou, si possible, deux pousses, situées le plus près possible de la charpente, et que nous appellerons des « remplacements ».
L'ébourgeonnement a pour but de refouler la sève dans les pousses conservées, en particulier dans les remplacements, dont la position à la base du rameau est relativement défavorable à la végétation.

Pendant l'été, on procédera au **pincement**, qui consiste à raccourcir les pousses vigoureuses au profit des faibles. Nous reparlerons de ces opérations d'été un peu plus loin (p. 108).

Nous récolterons les pêches, puis l'hiver viendra, et, au moment de la taille de fin d'hiver, nous retrouverons notre coursonne comme il est indiqué en figure 64, pages suivantes.

La présence des remplacements, à la base de la coursonne, va nous permettre de supprimer le rameau ayant produit, sur lequel nous distinguons encore le pédoncule desséché des pêches, ainsi que les tire-sève.
On comprend que, grâce aux remplacements, il sera possible de maintenir les coursonnes aussi courtes que possible. La taille sera donc exécutée chaque année de façon à obtenir des fruits, un tire-sève et un ou deux remplacements. Différents cas peuvent se présenter et nous les avons schématisés dans les dessins suivants :

Fig. 64. Principaux cas de taille du Pêcher.

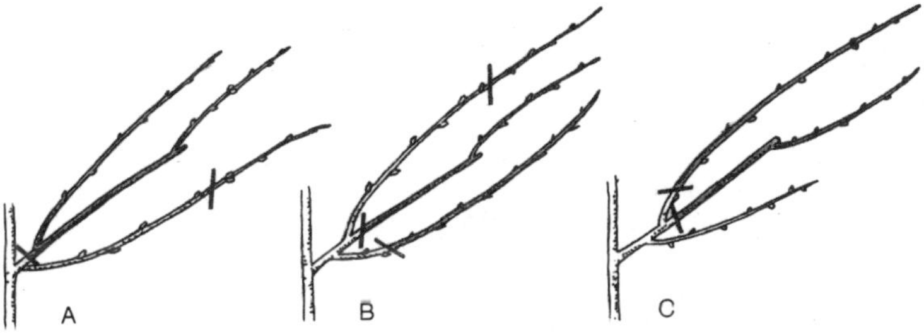

En **A**, le remplacement le plus proche de la charpente est un rameau capable d'assurer, à la fois, fructification et remplacements : on taille immédiatement au-dessus, puis on le raccourcit à trois ou quatre fleurs, en réservant un appelle-sève comme il a été dit précédemment. En somme, nous retombons dans le cas de la taille du rameau mixte, sans avoir allongé notablement la coursonne. En principe, on ne devra pas conserver deux rameaux « à fruits », ce qui donnerait trop d'importance à la coursonne, et cela au détriment des autres coursonnes.

En **B**, le remplacement le plus proche de la charpente ne porte pas de boutons, mais le second en est pourvu : nous taillerons le rameau inférieur à deux yeux pour avoir des remplacements aussi rapprochés que possible de la charpente, et nous taillerons le rameau fertile comme précédemment pour assurer la production, c'est-à-dire en lui laissant trois ou quatre fleurs et un tire-sève. C'est ce que l'on appelle la « taille en crochet ».

En **C**, le remplacement inférieur est une chiffonne. Il ne faut pas la tailler du tout, car on sait que seul l'œil de l'extrémité peut fournir un tire-sève. D'autre part, cette chiffonne ne porte pas

d'yeux de remplacement à sa base. Les remplacements seront donc obligatoirement pris sur le rameau supérieur, que nous supposons être un rameau mixte. Certains préconisent de supprimer totalement la chiffonne et de réserver fleurs et remplacements sur le rameau mixte. Il est, en effet, connu que les rameaux mixtes donnent de plus gros fruits que les chiffonnes. Nous n'engagerons pas de polémiques à ce sujet, car c'est une question de réflexion, d'observation, d'appréciation (disposition des rameaux, vigueur relative de chacun d'eux, etc.).
Ainsi que nous vous le disions au début de cet ouvrage, la taille est une science, mais c'est aussi un art.

En **D**, cas heureusement très exceptionnel, les deux remplacements sont des chiffonnes. Il n'y a pas possibilité d'obtenir des remplacements par le moyen habituel. On rabattra l'une au moins des chiffonnes (la plus rapprochée de la charpente) sur son empattement, dans l'espoir de faire sortir un œil latent dont la présence est toujours possible.

En **E**, cas également très rare, les deux remplacements sont dépourvus de fleurs ; on se contentera de réserver deux yeux sur le rameau le plus rapproché de la charpente.

En **F**, un seul des yeux de remplacement a donné une production : on rabat immédiatement au-dessus. Cette production peut être un rameau mixte qui sera taillé comme il vient d'être dit. S'il s'agit d'une chiffonne ou d'un bouquet, on agira comme il est dit plus loin à propos de ces productions considérées isolément.

En **G**, le remplacement le plus proche de la charpente est un bouquet capable de donner des fruits et dont la pousse d'extrémité pourrait, à la rigueur, jouer le rôle de remplacement et de tire-sève. Mais le bouquet de mai est, malgré tout, une production trop peu importante pour prétendre mobiliser toute la vie d'une coursonne. Si le rameau supérieur est un rameau mixte, nous le taillerons à quatre fleurs. Si c'est une chiffonne, nous le laisserons intact.

En **H**, nous avons la disposition inverse : le bouquet de mai est en seconde position. Si la pousse inférieure est une chiffonne, nous la laisserons intacte, et nous conserverons aussi le bouquet de mai, dont la pousse d'extrémité constituera malgré tout un remplacement moins éloigné de la charpente que la pousse issue de l'extrémité de la chiffonne. Si la pousse inférieure est un rameau mixte, nous n'hésiterons pas à supprimer le bouquet, car le rameau mixte est parfait aussi bien pour la production que pour le remplacement.

Principaux cas de taille du Pêcher (suite).

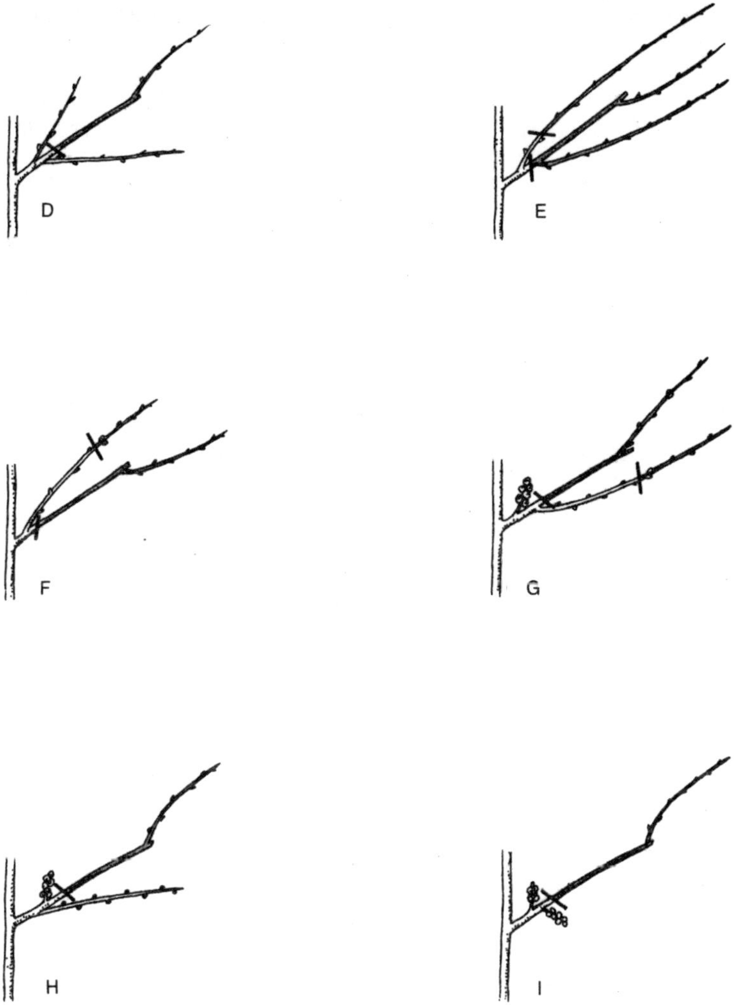

En **I**, nous n'avons que des bouquets de mai : on en conservera deux au maximum, afin de ne pas trop amplifier la coursonne.

Nous venons de suivre l'évolution de différentes coursonnes, ayant toutes pour origine un « **rameau mixte** ».

Le cas du rameau à bois. Nous le taillerons tout simplement à deux yeux, afin d'obtenir, l'année suivante, deux remplacements, ce qui nous conduira à l'un des cas précédemment étudiés (fig. 65).

On appelle « gourmands » des rameaux à bois très vigoureux, qui se développent à certains endroits, notamment à proximité des coudes. Le mieux est de les rabattre complètement, car il n'est pas possible d'en faire des coursonnes normales au point de vue vigueur et productivité (fig. 66).

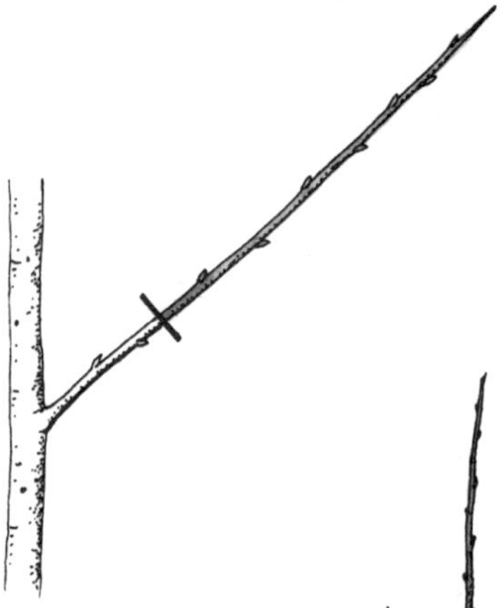

Fig. 65. Taille à deux yeux d'un rameau à bois.

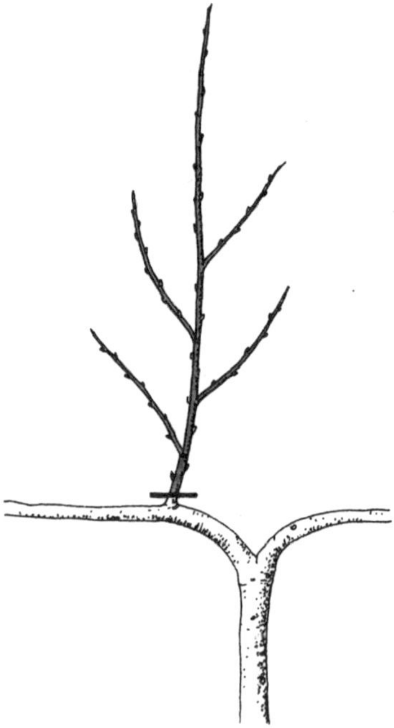

Fig. 66. Suppression d'un « gourmand » sur forme palissée.

La chiffonne pose un grave problème de taille, car l'œil à bois de l'extrémité est seul à pouvoir se développer. Il constitue à la fois le tire-sève et le seul remplacement possible. Ce remplacement étant très éloigné de la charpente, il en résulte un allongement exagéré de la coursonne. Pour cette raison, on préfère souvent renoncer à la fructification et rabattre à peu de distance du talon.

On a une chance d'obtenir ainsi le départ d'un œil latent qui sera le point de départ d'une coursonne plus normale. Si ce départ d'œil ne se produit pas, la coursonne disparaît définitivement, ce qui laisse un vide plus ou moins préjudiciable suivant que les coursonnes voisines sont plus ou moins proches. Cette observation reste valable lorsqu'une chiffonne est portée par une coursonne ancienne, mais, dans ce dernier cas, le départ d'un œil latent est, malgré tout, beaucoup moins problématique.

Les bouquets de mai, comme les chiffonnes, n'ont qu'un œil à bois à leur extrémité, mais, vu leur faible longueur, l'allongement de la coursonne est assez réduit pour être acceptable. Le mieux à faire est de ne pratiquer aucune taille sur ce genre de production. S'il apparaît plusieurs bouquets de mai sur une coursonne ancienne, il est bon de ne laisser que les deux plus rapprochés de la charpente. En général, le résultat du développement de l'œil d'un bouquet est la formation d'un rameau mixte, qui sera traité comme tel (fig. 67).

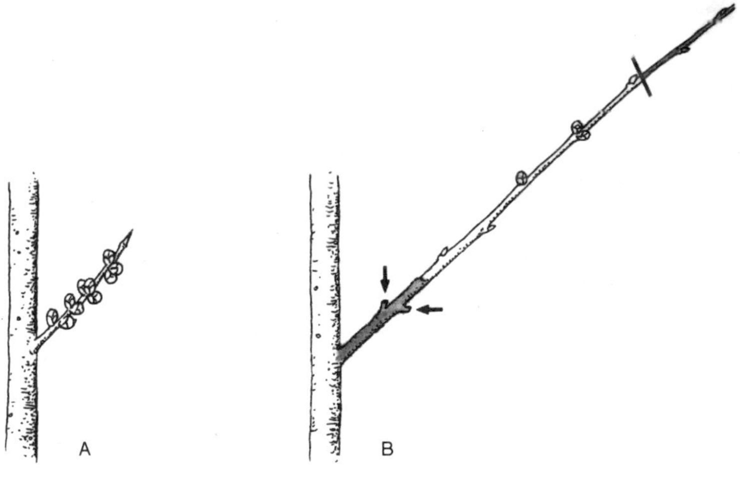

Fig. 67.
A - Bouquet de mai à ne pas tailler.
B - Évolution du bouquet de mai l'année suivante. On retrouve le cas du rameau mixte. On remarque les attaches desséchées de deux fruits indiquées par les flèches.

Remarquons, en passant, que chez les Cerisiers le bouquet de mai donne souvent naissance à un autre bouquet semblable, et ainsi de suite pendant plusieurs années.
Le dard du Pêcher n'est pas en général, comme chez le Poirier, un premier stade vers la mise à fruits. C'est plus simplement une pousse arrêtée dans son développement, et susceptible de repartir ultérieurement. Il est inutile de tailler tant que le dard n'aura pas donné une production bien différenciée.

Nous venons d'examiner les divers cas les plus ordinaires qui peuvent se présenter dans la taille des jeunes coursonnes de Pêcher. Il nous reste maintenant à parler des vieilles coursonnes. Leur défaut le plus fréquent est d'être trop longues, ce qui gêne le palissage. Il est toujours imprudent de les rabattre sans avoir la certitude qu'il apparaîtra une pousse au-dessous de la coupe. Mais si, au printemps, on observe un semblant de bourgeon vers leur base, il ne faudra pas attendre davantage pour procéder au rapprochement.

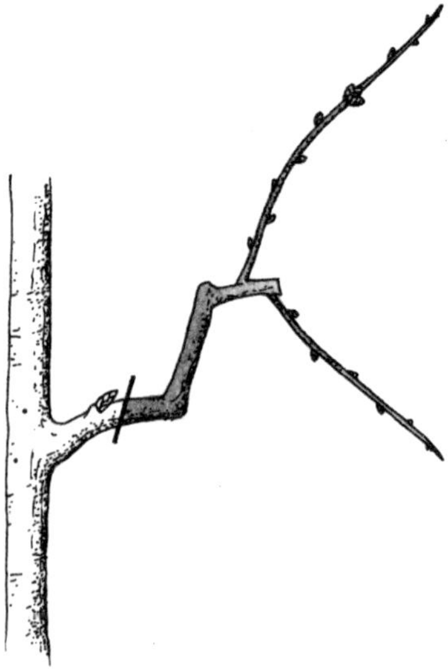

Fig. 68. Rajeunissement (ou rapprochement) d'une vieille coursonne présentant à sa base un œil bien visible et prêt à évoluer.

• L'ébourgeonnement

Il suffit d'observer, en mai, un Pêcher, un Poirier ou une Vigne, pour constater l'apparition d'un nombre de jeunes bourgeons bien supérieur à celui qui avait été prévu lors de la taille d'hiver. Beaucoup d'yeux, en effet, passent inaperçus au moment de la taille, ou bien encore il n'en est pas tenu compte parce qu'ils semblent mal conformés et peu aptes à se développer. C'est ainsi que, dans le cas de la taille trigemme des Poiriers, on ne compte pas les nombreux yeux latents situés à la base des rameaux. Même observation en ce qui concerne les coursonnes de la Vigne.
Sur les rameaux fructifères du Pêcher, nous avons indiqué de tailler au-dessus de trois ou quatre fleurs sans tenir compte du nombre d'yeux à bois figurant sur la portion conservée ; il peut en résulter un gaspillage préjudiciable de sève. On évitera cette perte en supprimant le plus tôt possible au printemps toutes les pousses inutiles. Cette suppression pourrait même avoir lieu l'hiver, par éborgnage, si les yeux à supprimer étaient suffisamment faciles à discerner.

Considérons par exemple la coursonne représentée par la figure 63 p. 102. Les pousses de remplacement **a** situées à la base de la coursonne doivent être, bien entendu, conservées. Ce sont elles qui assureront la production l'an prochain.
Toutes les pousses **b** qui accompagnent un jeune fruit, et que nous avons baptisées « appelle-sève », doivent être conservées également. Nous nous réservons de les pincer un peu plus tard.

En revanche, toutes les pousses **c** sont absolument inutiles, pour ne pas dire nuisibles. Nous allons donc les supprimer soit en les cassant, soit, ce qui est préférable, avec un greffoir.
Si les pousses à supprimer sont très nombreuses, on fera bien de s'y prendre à deux reprises, à quelques jours d'intervalle, afin d'éviter un refoulement de sève capable d'amener de la coulure ou de la gomme.
L'ébourgeonnement peut aussi jouer un rôle dans la formation des arbres.
Considérons par exemple le scion de Pêcher représenté par la figure 69 ; il a été taillé en hiver à la hauteur voulue pour obtenir un gobelet comportant d'abord trois branches principales. En fait, ce n'est pas seulement trois pousses que nous obtiendrons vers l'extrémité, mais peut-être cinq ou six.
Si nous les conservons toutes, la sève sera inutilement divisée, et chacune des branches sera affaiblie. L'ébourgeonnement permettra de diriger la sève dès le début sur trois branches, en choisissant les mieux placées, et d'obtenir une solide charpente.

Fig. 69. Ébourgeonnement d'un jeune scion et évolution de ce dernier pour la formation de la charpente.

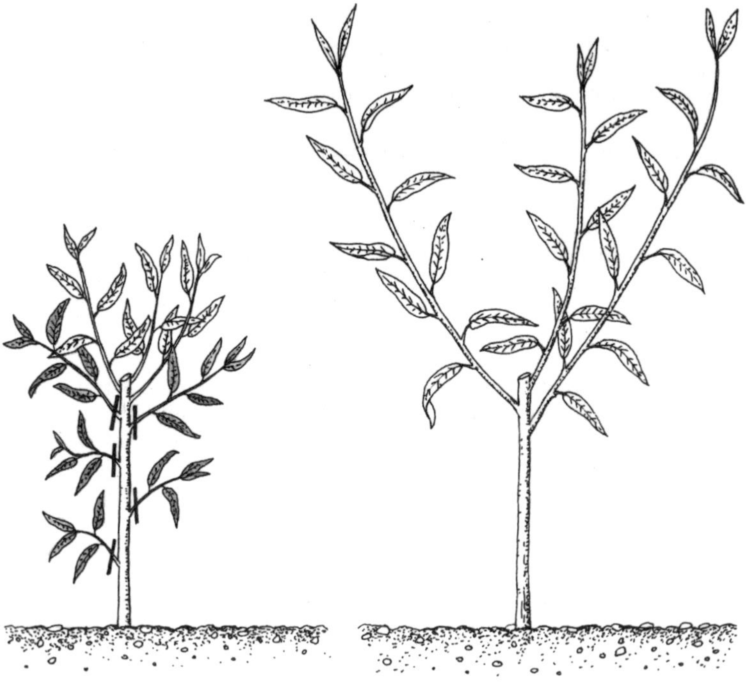

Il est même possible de former complètement un Pêcher, en exécutant au moment voulu des pincements et ébourgeonnements, sans pratiquer aucune taille d'hiver.
Nous recommandons de ne pas abuser de ce procédé, pratiquement plus délicat que la taille d'hiver, si l'on désire une précision assez grande des formes.
C'est donc surtout l'ébourgeonnement des coursonnes qu'il y aura lieu d'effectuer ; l'époque où les pousses atteignent 3 à 4 cm de longueur semble particulièrement indiquée pour ce travail.

• Le pincement et la taille en vert

Nous avons précédemment conseillé d'ébourgeonner les Pêchers dès le premier printemps, afin de supprimer sur les coursonnes toutes les pousses inutiles. L'ébourgeonnement laissera donc subsister sur les coursonnes :

1° les deux remplacements de la base ;

2° la ou les pousses qui accompagnent un fruit.

En fait, l'ébourgeonnement n'est pas le seul travail à exécuter pendant la végétation. Dès que les pousses auront formé chacune environ cinq feuilles, le moment sera venu de songer aux « pincements », c'est-à-dire à la suppression de certaines extrémités de pousses. On arrête ainsi l'allongement desdites pousses jusqu'à l'apparition des bourgeons secondaires (stipulaires), ce qui représente un délai de quinze jours environ. En somme, le pincement retarde la végétation.

L'utilité du pincement apparaît immédiatement si l'on compare les remplacements et les appelle-sève. Ces derniers étant situés vers l'extrémité de la branche fruitière, nous savons que la sève se porte de préférence vers eux, alors que les remplacements sont relativement défavorisés.

Or, le contraire est précisément souhaitable, car il y a intérêt à disposer de remplacements vigoureux. Nous allons donc pincer tous les appelle-sève, en leur laissant trois ou quatre feuilles, et nous ne toucherons pas aux remplacements qui bénéficieront du refoulement de sève (fig. 70).

Fig. 70. Pincement des appelle-sève conservés pour le bon développement des fruits.

Il se peut que l'opération du pincement gagne à être renouvelée plusieurs fois, soit parce que certains appelle-sève ne sont pas assez vigoureux pour être pincés lors de la première opération, soit encore parce que les bourgeons anticipés, nés du premier pincement, prennent à leur tour trop d'importance. Ce second pincement laissera deux feuilles environ à la jeune pousse (même façon de pratiquer que sur le Poirier).
En ce qui concerne les remplacements, il faudra les traiter avec beaucoup plus de ménagement. Ceux de vigueur moyenne pourront être laissés tels quels. Ceux très vigoureux pourront être simplement privés de leur extrémité, ce qui suffit généralement à tempérer leur vigueur, sans pour cela provoquer la formation de pousses anticipées.
Lorsqu'on passe en revue les coursonnes du Pêcher pour les pincements, on pratique en même temps une autre opération également importante et appelée « taille en vert ».

Fig. 71. Pincement à deux feuilles d'un rameau anticipé.

Fig. 72. Exemple de taille en vert d'une coursonne stérile.

Considérons par exemple la coursonne représentée sur la figure 72. Par suite d'un incident — gelée ou autre —, les fruits n'ont pas tenu, et les appelle-sève que l'on avait cru devoir conserver lors de l'ébourgeonnement peuvent maintenant être considérés comme inutiles.

Nous allons donc dès maintenant tailler en **a**, ce qui donnera de la vigueur aux remplacements. On pourrait presque dire que la taille en vert ramène vers la base le « centre de gravité » des coursonnes.

Lorsque la récolte des pêches a lieu de bonne heure (variétés précoces), on peut même envisager d'appliquer la taille en vert à toutes les coursonnes, après la cueillette. Cette opération est très favorable.

Ainsi généralisée, la taille en vert dispense en grande partie de la taille d'hiver dont les inconvénients sont bien connus (en particulier, la mauvaise cicatrisation des plaies en l'absence de sève, et le débourrement prématuré). Si certains remplacements vigoureux avaient tendance à prendre trop d'ampleur, on pourrait les pincer, afin de les affaiblir.

La taille en vert, lorsqu'on l'exécute de bonne heure, peut également servir à l'éclaircissage des fruits. On supprime alors simultanément les fruits en excès et le fragment de rameau qui les porte (fig. 73). Cette opération est souvent de la plus grande importance pour la bonne santé des arbres. Le Pêcher, cultivé dans des conditions somme toute assez anormales, est en effet sujet à de graves accidents de végétation. Après plusieurs récoltes faibles ou nulles par suite de printemps froids et humides, il peut très bien se couvrir d'une telle multitude de fruits qu'il sera incapable de les nourrir, surtout si le sol est maigre et sujet au dessèchement. On n'obtient alors que des fruits petits et sans valeur, presque réduits à leur noyau. De plus, l'arbre qui se trouve ainsi en « déficience de sève » est plus sujet aux attaques de parasites.

Il n'est pas rare de voir des Pêchers dépérir après une année de forte récolte. Il sera donc sage de ne jamais laisser plus de deux fruits par coursonne, ou bien encore une douzaine par mètre de branche charpentière.

Fig. 73. Suppression des fruits en surnombre par une taille en vert.

La période dite de « formation du noyau » amenant parfois la chute de nombreux fruits, on pourra faire un éclaircissement partiel lorsque les fruits auront atteint la grosseur d'une cerise.
Là ne s'arrêtent pas les opérations qui accompagnent la taille d'été. L'inspection que l'on fait subir aux arbres à cette occasion doit conduire à leur donner en une seule fois tous les soins dont ils ont besoin. Sur les espaliers bien entretenus, il ne faudra pas manquer de palisser tous les remplacements, ainsi que les pousses de prolongement. L'ensemble de l'arbre présente alors la disposition classique, en « arête de poisson », et il bénéficie d'une insolation maximale.
En ce qui concerne les prolongements, rappelons que, si le développement exagéré de l'un deux risque de détruire l'équilibre de la charpente, il ne faut pas hésiter à le pincer sévèrement ou même à le remplacer par un bourgeon anticipé plus faible.
A l'approche de la maturité, on pourra légèrement effeuiller autour des fruits afin de les exposer au soleil. N'oublions pas que, si certains fruits, comme les tomates, peuvent rougir dans leurs emballages après avoir été cueillis verts, les pêches nécessitent une lumière intense pour atteindre la perfection.

• La taille d'entretien des Pêchers en forme libre

En ce qui concerne les cultures commerciales, chaque région a sa méthode de taille en fonction de la forme donnée à l'arbre, de l'exposition, de la facilité de récolte, etc. Cependant, la taille des Pêchers « par remplacements » telle que nous l'avons décrite précédemment se retrouve toujours dans les méthodes utilisées, mais avec plus ou moins de rigueur.
Laisser allonger la coursonne est une solution souvent acceptable dans le cas de palmettes formées « à la diable », et à plus forte raison dans le cas d'arbres de plein vent.
De nombreux praticiens ont élargi le sens du terme « remplacement » en l'appliquant non seulement aux coursonnes, mais aussi à de véritables petites branches charpentières secondaires.
Une attention particulière doit être apportée à l'équilibrage des coursonnes et à leur bonne répartition. Certains cherchent à maintenir l'arbre bien garni de coursonnes jusqu'à la base des charpentières. D'autres estiment que ces coursonnes basses, mal éclairées et peu vigoureuses, sont sans intérêt pour la production et peuvent servir de refuge aux parasites. Ils les suppriment.
Il n'est pas douteux, en tout cas, que les fruits obtenus sur rameaux vigoureux sont plus beaux que sur rameaux faibles.
Telles sont les indications, en somme très simples, que nous pouvons donner au sujet du Pêcher de plein vent.

Arbres fruitiers à noyaux autres que le Pêcher

L'Abricotier, le Cerisier et le Prunier rappellent beaucoup le Pêcher quant à leur mode de végétation. La taille à appliquer à ces arbres doit donc s'inspirer de celle du Pêcher, mais en procédant généralement d'une façon beaucoup plus sommaire, sauf s'il s'agit d'espaliers. Dans le cas des arbres de plein vent, la taille n'intervient habituellement que pour équilibrer les branches et éviter la confusion. Nous examinerons, pour chaque espèce, ces différentes éventualités.
La recherche des remplacements, qui constitue le point délicat de la taille du Pêcher, est la plupart du temps inutile pour les autres espèces en raison de l'abondance des productions courtes : brindilles et bouquets de mai.

L'Abricotier

• Le mode de végétation

On retrouve chez l'Abricotier les différents organes végétatifs dont nous avons parlé à propos du Pêcher :
— l'œil à bois petit et conique, dont l'emplacement est marqué par un gros coussinet saillant ;
— le bouton à fleur, isolé, double, accompagné ou non d'un œil à bois ;
— le bouquet de mai, semblable à celui du Pêcher ;
— le rameau à bois, plus ou moins vigoureux, pouvant donner des pousses anticipées ;
— le rameau mixte identique à celui du Pêcher ;
— la brindille fruitière, pousse peu vigoureuse portant des yeux et des boutons (à rapprocher de la chiffonne du Pêcher).
La végétation de l'Abricotier est généralement très rapide. Il se forme facilement sur vieux bois des pousses vigoureuses, ou gourmands, qui rendent facile la reconstitution de la charpente de l'arbre par « ravalement », c'est-à-dire par un élagage sévère.

• La taille de formation

Dans le nord de la France, l'Abricotier est sensible aux intempéries. C'est la raison pour laquelle on le cultive souvent en espalier, sous forme de palmettes Verrier, de palmettes à bran-

ches horizontales, ou plus simplement d'éventail irrégulier, forme sans prétention esthétique mais présentant le gros avantage d'utiliser pour la formation les rameaux les mieux constitués, quel que soit leur point d'insertion. C'est une véritable sélection des rameaux qu'on réalise ainsi, et c'est là un argument de première importance en faveur de cette formation « à la diable » dont nous avons déjà fait mention précédemment.
Les arbres peuvent aussi être formés sur tige ou demi-tige, et conduits en gobelet plus ou moins régulier. On amorce la formation sur trois branches, puis, en général, on laisse l'arbre livré à lui-même, mis à part quelques suppressions pour l'équilibrage.

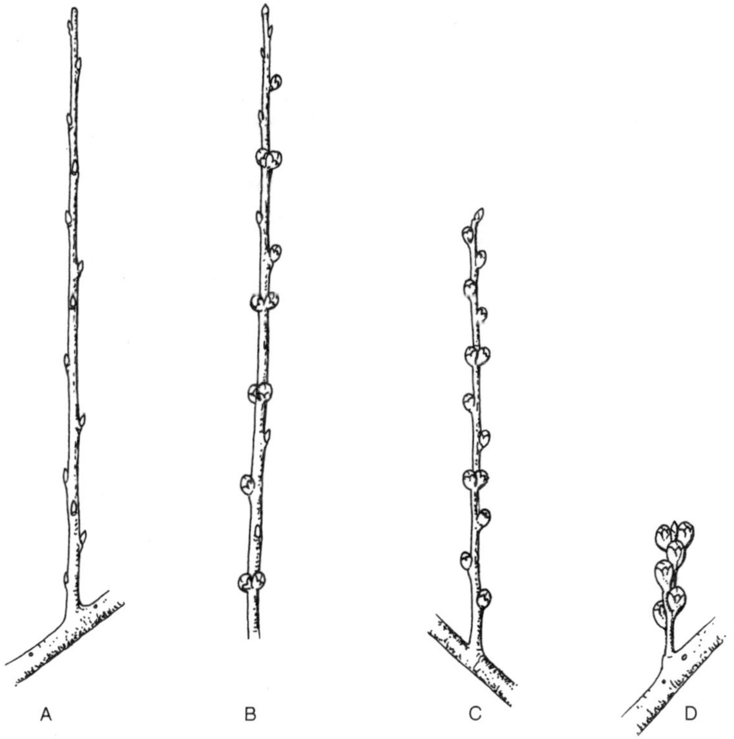

Fig. 74. Les différentes productions de l'Abricotier.
A - Rameau à bois.
B - Rameau mixte.
C - Brindille (à rapprocher de la chiffonne du Pêcher).
D - Bouquet de mai.

• La taille de fructification

Les Abricotiers conduits en espalier doivent être soumis à la taille d'hiver et à des pincements. Faute de ces traitements, ces arbres, maintenus relativement petits pour leur vigueur, ne tardent pas à donner un abondant feuillage en avant du mur, tandis que les productions fruitières s'annulent. Voici les principaux cas observés.

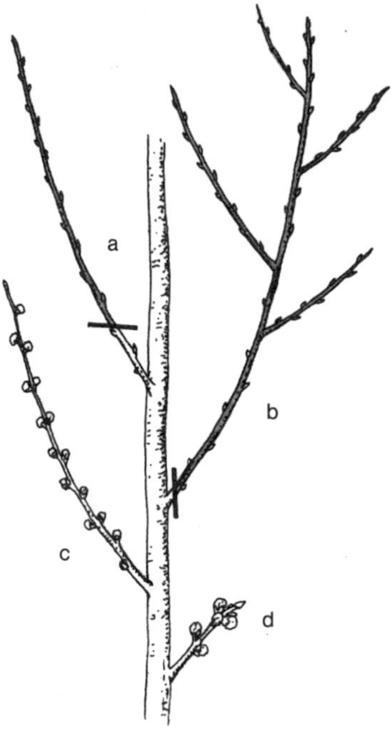

Fig. 75. Taille des coursonnes de l'Abricotier.

Fig. 75, a - Rameau à bois inséré sur la charpente. Cas fréquent sur les arbres en formation. On taille à trois ou quatre yeux afin d'obtenir vers l'extrémité des pousses (qui seront pincées) et, vers la base, des bouquets qui assureront la fructification. Lorsque nous traitions le même cas à propos du Pêcher, nous avons indiqué de tailler à deux yeux afin d'amorcer la taille par remplacements ; chez l'Abricotier, on ne cherche pas en général à obtenir des remplacements, car les chances de fructification sur bouquets sont bien plus grandes que chez le Pêcher où presque tous les fruits se forment sur rameaux mixtes.

b-Rameau très vigoureux (gourmand) inséré sur la charpente. Le rabattre sur empattement. Il se formera près de la coupe une pousse plus faible et plus apte à donner une coursonne normale.

c-Brindille. La laisser intacte.

d-La charpente porte directement un bouquet. Le conserver.

Cas se présentant sur des coursonnes plus âgées :

Fig. 76,a-La coursonne porte plusieurs rameaux : ne conserver que le plus près de la base qui sera taillé au-dessus, au quatrième bouton.

b-La coursonne porte des bouquets : en conserver trois en moyenne.

c-La coursonne porte des bouquets et des rameaux mixtes : conserver de préférence les bouquets.

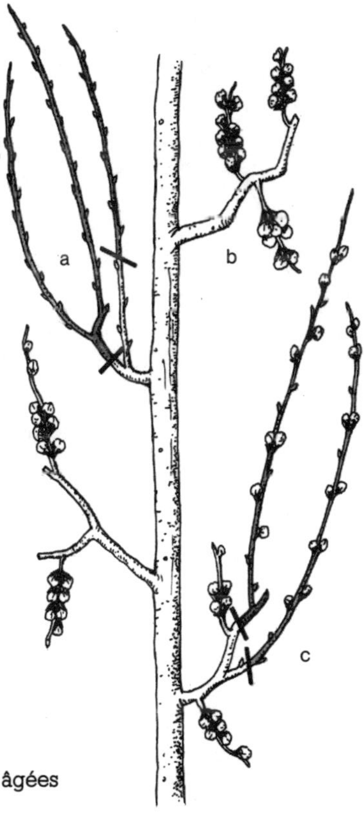

Fig. 76.
Taille de coursonnes âgées de l'Abricotier.

• Le pincement

Toutes les pousses autres que le prolongement gagnent à être pincées à trois ou cinq feuilles. On diminue ainsi leur vigueur, et on facilite la formation des bouquets. Lorsqu'une coursonne porte deux pousses, on pourra pincer l'inférieure encore plus court. On pourra aussi exécuter une taille en vert si la base de la coursonne porte déjà des bouquets bien caractérisés.

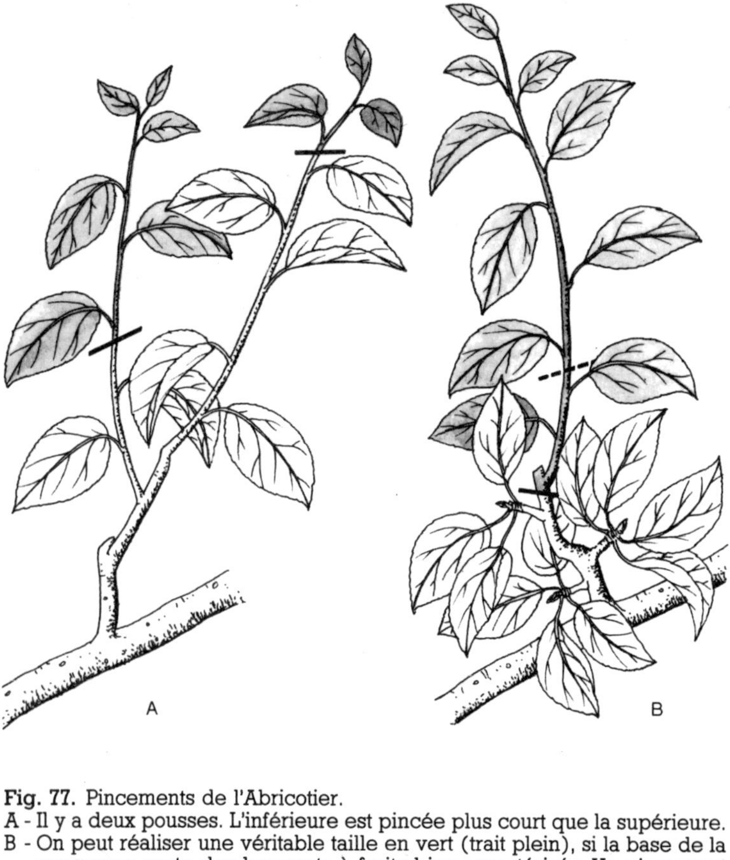

Fig. 77. Pincements de l'Abricotier.
A - Il y a deux pousses. L'inférieure est pincée plus court que la supérieure.
B - On peut réaliser une véritable taille en vert (trait plein), si la base de la coursonne porte des bouquets à fruits bien caractérisés. Un pincement court (à deux feuilles) peut aussi être effectué (trait pointillé).

• La taille de restauration

Lorsqu'un Abricotier perd des branches ou jaunit, ou tend à se développer d'une façon dissymétrique, il ne faut pas hésiter à exécuter un ravalement. Les tronçons conservés ne tarderont pas à émettre des pousses vigoureuses, et l'arbre sera reconstitué en peu d'années.

Le Cerisier

• Le mode de végétation

Le Cerisier donne presque toutes ses fleurs sous forme de bouquets de mai insérés sur les vieilles branches. L'œil terminal de ces bouquets s'allonge à peine et fournit en somme un second bouquet, et ainsi de suite pendant plusieurs années. Le Cerisier donne également des fleurs à la base des rameaux à bois, mais ces fleurs donnent plus difficilement des fruits.

Fig. 78. Les boutons à fleurs du Cerisier sont souvent groupés en bouquets, mais on les trouve aussi à la base des rameaux à bois.

Au point de vue du port de l'arbre, il convient de distinguer :
— les variétés descendant du Cerisier commun, se ramifiant beaucoup, à rameaux grêles et flexibles (cerises acides, griottes) ;
— les variétés dérivant du Merisier, donnant des rameaux forts et souvent érigés, prenant souvent d'elles-mêmes une forme pyramidale (guignes et bigarreaux).

• La taille de formation

Les Cerisiers en espalier. Ils ne sont pratiquement plus cultivés. Ils se formaient en palmettes Verrier ou en palmettes à branches horizontales à écartement de 30 cm.

Pour les formes de plein vent, on adopte la haute-tige, la demi-tige ou la basse-tige. La couronne de l'arbre est presque toujours formée en vase, en partant d'abord sur trois branches, comme nous l'avons déjà indiqué.

Le gobelet nain rend la cueillette très facile. Il s'obtient habituellement à partir de scions greffés sur Sainte-Lucie et donne surtout de bons résultats avec les cerises vraies. Les bigarreaux préfèrent les formes plus importantes.

• La taille de fructification

Cette taille s'exécute sur les gobelets nains. Elle consiste à ménager la fructification à partir des nombreux bouquets que l'on obtient en taillant les rameaux à trois ou quatre yeux, ou en les pinçant au printemps lorsqu'ils sont encore assez jeunes. Cette dernière pratique doit être largement utilisée.
Bien entendu, lorsque des anticipés se forment sur le prolongement, il faut en hiver rabattre ceux-ci à deux yeux afin que les coursonnes qu'ils donneront ne soient pas plus vigoureuses que celles provenant d'un œil non encore évolué. Lorsque la coursonne porte plusieurs bouquets, on peut en conserver trois ou quatre ; si elle n'en porte qu'un, on taille immédiatement au-dessus.

• La taille de restauration des vieux Cerisiers

Bien que le Cerisier reparte plus difficilement que l'Abricotier, on peut néanmoins ravaler les arbres dégarnis, lorsque la cueillette devient difficile. Il ne faut pas manquer de panser les plaies au mastic fluide.

Le Prunier

• Le mode de végétation

Les fleurs du Prunier peuvent apparaître soit sur les rameaux de l'année précédente, soit sur des bouquets de mai, soit sur brindilles.

• La taille de formation

Pour la culture de plein vent, on adopte différentes formes, avec une taille plus ou moins sévère. La production des prunes ordinaires peut toutefois s'obtenir sans aucune taille. Les arbres sont simplement élevés à haute-tige ou demi-tige, puis on amorce la formation d'un vase sur trois ou quatre branches équidistantes. L'arbre est ensuite laissé à lui-même. Lorsqu'on désire des fruits d'une certaine grosseur, il est indispensable de surveiller la taille plus sérieusement.

L'arbre peut être formé en gobelet, sur demi-tige, ou même à 30 cm seulement au-dessus du sol. On forme d'abord trois branches, qui se divisent pour en donner six, puis douze. En outre, on laisse généralement apparaître sur ces douze branches principales quelques ramifications secondaires, ou « sous-mères », sur lesquelles s'obtiennent les coursonnes. Ensuite, il suffit de laisser la ramure se développer à sa guise en élaguant seulement le centre pour l'aérer.

Souvenez-vous que le Prunier craint les tailles importantes. Elles sont génératrices de gomme et, si les coupes sont effectuées en hiver, elles se cicatrisent mal.

AUTRES ARBRES FRUITIERS

Nous avons regroupé dans cette rubrique des espèces quelquefois qualifiées de secondaires, mais très intéressantes pour le jardinier amateur. Leur taille, quoique bien souvent négligée, en est relativement simple et elle influe considérablement sur le rendement en fruits.

L'Actinidia

C'est un arbuste fruitier grimpant dont la culture s'est répandue rapidement. Il produit les fameux kiwis, riches en vitamine C et de goût délicat.
L'Actinidia doit être planté près d'un support (pergola, tonnelle, portique) pour que ses rameaux volubiles puissent s'enrouler aisément.

• Le mode de végétation

L'Actinidia est une plante dioïque, c'est-à-dire que les fleurs mâles et les fleurs femelles sont portées par deux pieds différents. Pour obtenir une fructification, il faut donc planter au moins un couple (mâle et femelle), mais un sujet mâle peut suffire pour la fécondation des fleurs de cinq à six sujets femelles.

• La taille

Elle concerne essentiellement le sujet femelle et est fonction de la vigueur de la plante dans le sol considéré. Au cours des premières années, les branches sont simplement réparties et guidées sur le support mais, si la vigueur est normale, l'encombrement survient très vite. Il faut donc couper les branches secondaires à 1 m de longueur environ et renouveler l'opération l'année suivante pour les rameaux qui en sont issus. Les branches charpentières âgées sont supprimées, soit à la base, soit au-dessus du départ d'une pousse vigoureuse qui assurera le

remplacement. La taille doit s'effectuer en plein hiver (décembre-janvier) en dehors des périodes de gelées, car, en fin d'hiver, les écoulements de sève importants risquent de fatiguer la plante.
Lorsque la vigueur est excessive, une taille « en vert » peut intervenir : on coupe alors les branches fructifères cinq ou six feuilles au-delà du dernier fruit.

L'Amandier

L'Amandier se forme en tige ou demi-tige avec tête évasée. Dans le Midi, ces arbres sont souvent obtenus par semis en place. On laisse tout d'abord la tige s'élever et grossir pendant quelques années, puis on la rabat à la hauteur voulue. Il se forme alors plusieurs pousses vigoureuses. Sur chacune d'elles on pose un ou deux écussons. La formation est ensuite obtenue très vite.
La taille est généralement inexistante ou se réduit à un équilibrage de la tête pendant les premières années de formation.

Le Châtaignier

Il se conduit habituellement sur une tige assez élevée et ne fructifie bien que s'il est parfaitement aéré et éclairé. La taille en est pratiquement inexistante, mais, lorsque l'arbre vieillit, il est possible de procéder à un ravalement pour obtenir à nouveau une certaine production.

Le Citronnier

Plante méditerranéenne par excellence, le Citronnier est un arbre qui affectionne les climats chauds, sans brusques variations de température, et les situations abritées. Il se forme en gobelet ou en boule.

La taille de fructification, réduite, consiste à éliminer les rameaux secs ou ayant déjà porté des fruits. Il s'agit en fait d'effectuer un simple nettoyage, l'arbre supportant mal une taille rigoureuse. Cette opération a lieu en été.
La floraison quasi continuelle et, par conséquent, la fructification ont lieu sur le bois de l'année.

Le Figuier

Bien qu'essentiellement méridionale, cette espèce est cultivable en dehors du Midi, sous réserve de lui fournir une exposition chaude et abritée et de la protéger du gel en hiver. Multiplié par bouturage, le Figuier n'est pas greffé. Quelquefois élevé sur tige dans le Midi, il est le plus souvent cultivé en « cépée ».
Pour obtenir cette cépée, il suffit de tailler le scion au-dessus de trois yeux l'année qui suit la plantation. Les rameaux nés de cette coupe sont à leur tour taillés à deux yeux un an après. Cette opération est répétée une nouvelle fois pour obtenir une touffe de dix à douze branches.

• Le mode de végétation

Voir figure 79, page suivante.
Dans les pays chauds, les Figuiers poussent et fructifient presque toute l'année. Sous notre climat, au contraire, ils perdent leurs feuilles en hiver. Au point de vue botanique, la figue n'est pas un fruit, mais un ensemble de petits fruits enfermés à l'intérieur d'une sorte de « sac » qui constitue la figue.

Les figues naissent à l'aisselle des feuilles. Elles évoluent lentement, et seules celles qui apparaissent à l'aisselle des feuilles printanières peuvent mûrir avant l'automne. Celles qui sont un peu moins avancées sont détruites par le gel et tombent. En revanche, celles qui, en automne, sont encore très petites, réduites à un simple bourgeon, peuvent passer l'hiver sans dommage et continuer leur développement au printemps. On constate alors leur présence sur le bois de l'année précédente. On les appelle « figues-fleurs » ; elles sont généralement plus grosses et plus savoureuses que les figues d'automne, mais elles sont moins nombreuses. Il est vrai que, sous les climats froids, les figues d'automne ne mûrissent que chez certaines variétés. Dans le Midi, il y a beaucoup de figues d'automne et peu de figues-fleurs.

• La taille de fructification

Elle est très spéciale compte tenu du mode de végétation particulier du Figuier et varie avec le climat. Dans les pays chauds, il est tout à fait inutile de tailler, car la fructification a lieu sans difficulté et d'une façon continue. Sous les climats tempérés, on peut avoir intérêt à conserver aux arbres une forme réduite, afin de les maintenir le long d'un mur ou dans toute autre situation

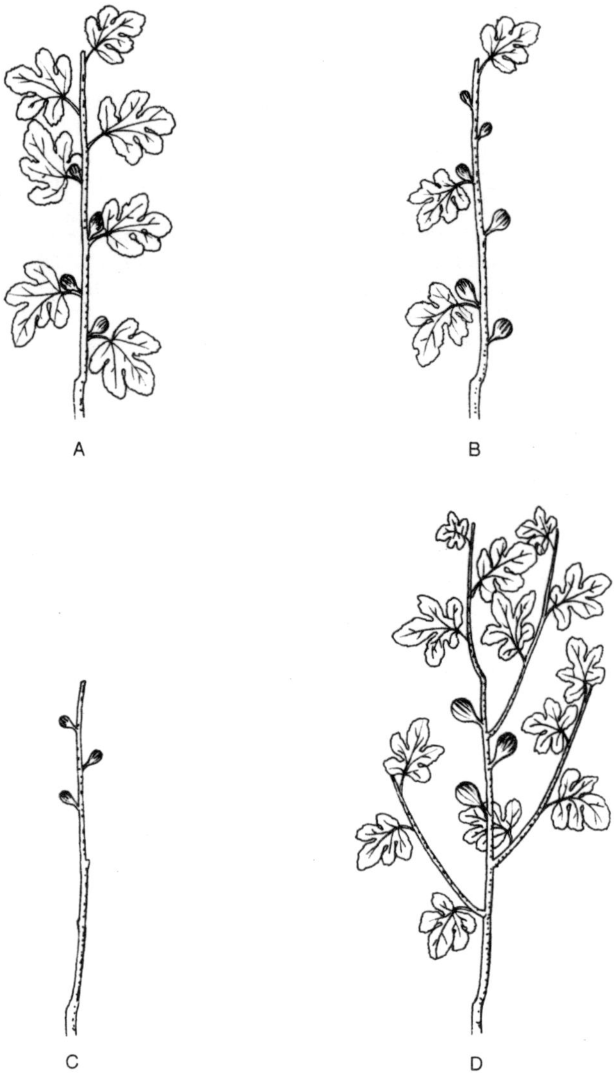

Fig. 79. Mode de végétation du Figuier.
A - Naissance des figues à l'aisselle des feuilles (été).
B - Maturation des figues à l'automne.
C - Très jeunes figues nées à l'automne, appelées figues-fleurs, et passant l'hiver sans dommage.
D - Maturation des figues-fleurs au printemps.

ph. 11

ph. 12

abritée. On donne alors à l'arbre une forme quelconque, plus ou moins « en éventail », et sur les branches de charpente on constitue des coursonnes taillées selon le principe des remplacements.
Chaque coursonne a pour origine une pousse qui, dès sa première année, peut donner des figues d'automne. Au printemps suivant, des figues-fleurs apparaissent, en même temps qu'un certain nombre de pousses que l'on supprime toutes, sauf les deux plus rapprochées de la base.
Dès la récolte des figues-fleurs, en juillet, on supprime le rameau ayant produit et on pince la pousse la plus élevée afin d'accélérer le développement des figues d'automne qu'elle porte. Dès que ces figues d'automne seront récoltées, on supprimera par une taille en vert tout ce qui est au-dessus du rameau inférieur, qui restera seul pour assurer la production des figues-fleurs au printemps et la sortie des nouveaux remplacements.

Fig. 80. Taille du Figuier sous climat tempéré.

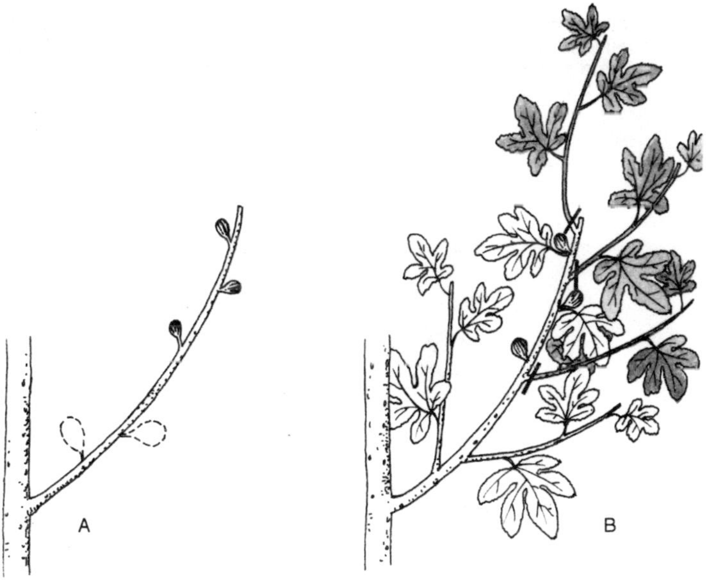

A - Un rameau en hiver avec des figues-fleurs. (En pointillé, nous avons figuré les figues récoltées à l'automne.)
B - Au printemps, on ébourgeonne les rameaux secondaires en prenant soin de conserver deux remplacements le plus près de la branche principale.

Taille du Figuier sous climat tempéré (suite).

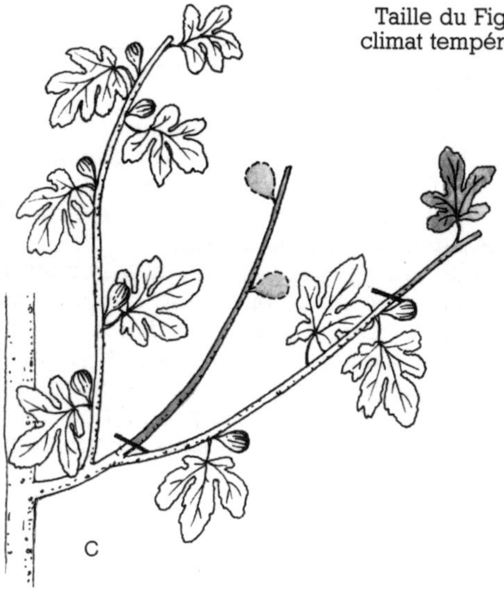

C - En été, on supprime le rameau ayant produit les figues-fleurs et on pince le rameau le plus éloigné de la branche principale pour hâter la formation des figues d'automne.

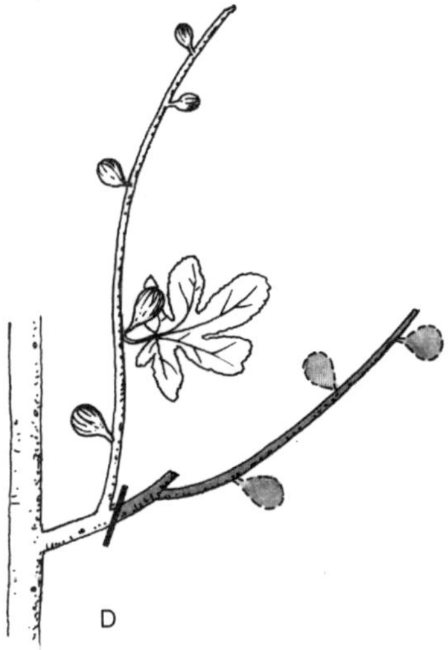

D - En hiver, le rameau ayant produit des figues d'automne est supprimé. Le second rameau non pincé l'été se trouve porteur de figues-fleurs, et nous retrouvons le cas A.

Théoriquement, le cycle décrit ci-dessus peut se renouveler indéfiniment, mais en pratique il y a avantage à renouveler la charpente de temps à autre, par exemple tous les quinze ans, car elle tend à se dégarnir de la base, tandis que les parties élevées se développent en dehors de la zone abritée.

Dans les pays froids, par exemple dans la région parisienne, la maturité des figues d'automne devient problématique, et il ne faut plus guère compter que sur les figues-fleurs. La taille se trouve alors simplifiée. Comme précédemment, on laisse les figues-fleurs se développer sur un rameau que l'on ébourgeonne, mais on ne laisse qu'une seule pousse à la base de ce rameau. Cette pousse donnera en automne quelques figues qui tomberont avant maturité, et produira des figues-fleurs le printemps suivant. Entre-temps, le rameau ayant produit sera supprimé en juillet, après la récolte, par une coupe dont l'emplacement est indiqué sur la figure 81.

Dans les pays froids, on peut entourer la charpente de feuilles ou de paille afin de sauver la génération de figues-fleurs.

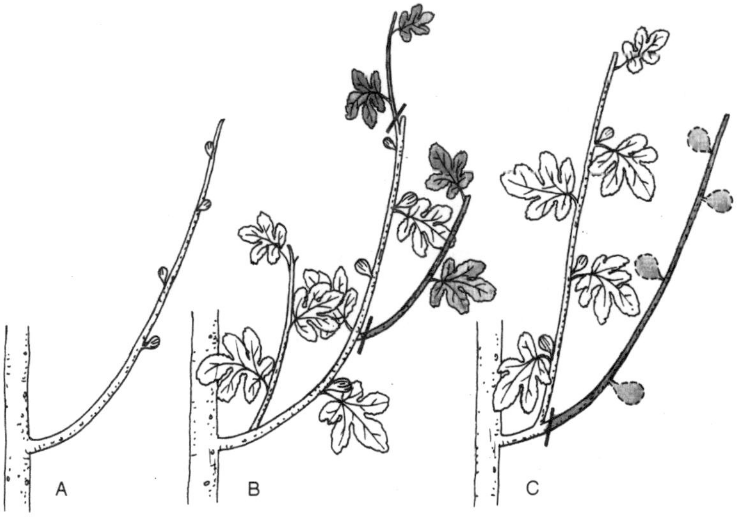

Fig. 81. Taille simplifiée du Figuier sous le climat de la région parisienne.
A - Rameau porteur de figues-fleurs en hiver.
B - Ébourgeonnement l'été. On ne conservera qu'un seul rameau de remplacement au lieu des deux maintenus dans la taille précédente sous climat tempéré.
C - Taille l'été après récolte des figues-fleurs.

Le Grenadier

Cette espèce originaire du Proche-Orient aime la chaleur et craint le froid, mais elle est bien acclimatée dans la zone de l'Olivier.
Le Grenadier forme naturellement un grand arbuste ou un petit arbre de 3 à 5 m de hauteur. La taille se réduit au départ à la formation d'une ramure équilibrée à partir de trois à cinq branches maîtresses. La fructification commence après quatre ou cinq ans et se produit sur les vieilles branches extérieures, qu'il ne faut surtout pas tailler.

Le Kaki

Le Kaki ou Plaqueminier se cultive en plein vent sans aucune taille dans le midi de la France et ses fruits ne mûrissent correctement que dans la zone de l'Olivier.
Dans les régions froides, l'abri d'un mur lui est utile. En général, on ne lui donne pas de forme bien déterminée, mais plutôt un palissage à la diable, comme pour le Figuier.
Le Kaki fructifie, comme le Figuier, sur le bois de l'année, mais seuls les yeux d'extrémité donnent des pousses fertiles. Afin de ne pas allonger les coursonnes, le plus simple est donc de conserver intacts les rameaux faibles, grâce auxquels on obtiendra des jets fertiles, et de rabattre les rameaux forts sur quelques yeux.
Le pincement peut faciliter l'équilibrage et l'aoûtement. Lorsque la charpente commence à vieillir et qu'elle se dégarnit à la base, on la reconstitue très facilement après recépage.

Le Noisetier

Le Noisetier est généralement conduit en cépées. Il fructifie ainsi parfaitement pourvu qu'il ne se trouve pas en situation trop ombragée.
La taille se limite au dégagement du centre de la touffe et au remplacement éventuel de vieilles branches par de jeunes drageons nés à la base.

Le Noyer

Le Noyer, avec ses branches souvent légèrement retombantes, se conduit habituellement sur tige assez élevée (3 m ou plus).
Il faut savoir que cette essence ne supporte pas la taille et que, si exceptionnellement la suppression d'une branche s'avère nécessaire, celle-ci doit se faire en août-septembre.

L'Olivier

Essence typiquement méditerranéenne, l'Olivier en culture d'amateur est considéré autant comme arbre « fruitier » que comme arbre d'ornement en raison de son feuillage persistant aux reflets argentés.
L'Olivier se conduit en demi-tige ou en buisson à trois branches (surtout après recépage) et la taille de formation, qui doit être très limitée afin de ne pas retarder la mise à fruits, est réduite à la suppression des rameaux mal situés pour bien dégager le centre de l'arbre. Les fleurs apparaissent d'avril à juin à l'aisselle des feuilles, sur le bois de l'année précédente.
La taille de fructification s'effectue en mars et consiste surtout en un éclaircissage des ramifications par élimination des plus âgées, qui deviennent stériles, ou des trop faibles, afin d'aérer le plus possible l'intérieur de l'arbre. En effet, la maturation des fruits ne se fait correctement que s'ils bénéficient d'un bon éclairement. Nécessaire après de fortes gelées, la régénération de l'Olivier ne présente pas de difficulté, l'arbre émettant de nombreux rejets sur les branches charpentières et même sur les parties souterraines. Dans les cas extrêmes, un recépage au ras du sol s'avère indispensable : l'arbre est alors reconstitué à partir de rejets émis par la souche.

L'Oranger

Comme le Citronnier, l'Oranger est un arbre du Bassin méditerranéen qui ne supporte pas les basses températures.
Cultivé selon son port naturel, en boule, l'Oranger n'a qu'une seule floraison, en mars-avril. La taille de fructification est, comme pour le Citronnier, très sommaire et consiste à supprimer les rejets éventuellement émis par le porte-greffe, et à éliminer les rameaux secs ou malades.

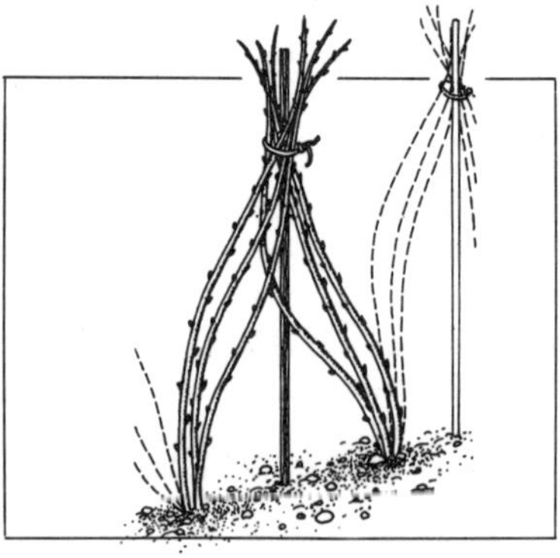

LES ARBUSTES À PETITS FRUITS

Très populaires et se trouvant dans de nombreux jardins, les arbustes à petits fruits sont souvent négligés, et ce n'est que grâce à leur excellente fructification qu'ils doivent de ne pas décevoir leurs « propriétaires ». Leur taille en est extrêmement simple et vous serez vite récompensé des quelques instants que vous aurez passés à élaguer quelque peu vos arbustes.

La Casseille

Issu récemment d'un croisement entre un Groseillier à maquereau et un Cassissier, cet arbuste produit des fruits violets, glabres, sans pépins, de la grosseur d'un grain de raisin. Les branches sont dépourvues d'épines. Comme le Cassissier, la Casseille se conduit en touffe.
Le jeune plant commercialisé possède déjà quelques pousses qui amorcent la formation de la touffe. Ces pousses sont taillées durant l'hiver à 20 cm environ pour favoriser le départ de nouvelles ramifications. Par la suite, la taille consiste à supprimer chaque année des branches de deux ou trois ans pour provoquer l'apparition de pousses de remplacement.
Les rameaux d'un an sont laissés intacts, car c'est à leur extrémité qu'ils produiront les plus belles grappes.

Le Cassissier

Il se conduit en touffe comme le Groseillier à grappes ou la Casseille. Après la formation, il faut toujours procéder à la suppression des vieux bois devenant de moins en moins productifs.
Il arrive que le rajeunissement de la touffe se fasse à partir de pousses vigoureuses qui démarrent sous terre à partir de racines assez étalées. Il est à noter que ce sont les rameaux d'un an, conservés intacts, qui permettent d'obtenir les plus beaux fruits.

Le Framboisier

Le Framboisier forme naturellement une touffe dont les rameaux se renouvellent annuellement par l'émission de nouveaux rejets. Ceux-ci servent d'ailleurs à la multiplication de l'espèce et leur séparation du pied mère peut avoir lieu pendant toute la période du repos de la végétation.

• Le mode de végétation

Chaque année, au printemps, la souche émet des pousses vigoureuses, atteignant plus de 1 m de hauteur. Chez les variétés remontantes (dites bifères), ces pousses donnent quelques framboises dès l'automne, puis une véritable récolte à la fin du printemps suivant. Chez les variétés non remontantes, il n'y a qu'une seule récolte au début de l'été, alors que la tige a exactement une année d'existence. Dans tous les cas, après cette production estivale, la tige ne tarde pas à dépérir puis à se dessécher complètement. Il n'y a plus qu'à la supprimer à ras de terre.

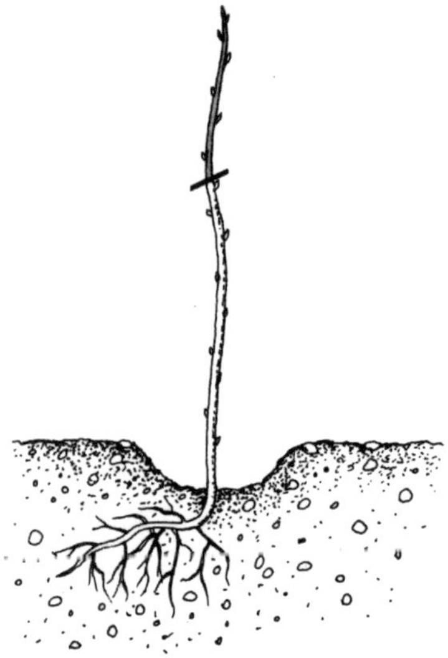

Fig. 82. A la plantation, le jeune drageon de Framboisier est rabattu à environ 30 cm.

• La taille de formation

Les jeunes drageons enracinés sont plantés de novembre à mars, à 8 ou 10 cm de profondeur et à 50/80 cm d'écartement, puis rabattus à 30 cm du sol au-dessus d'un œil. Pour hâter la formation de la touffe, on plante souvent deux drageons côte à côte (fig. 82).
Au cours de l'été, la « souche » va émettre un ou plusieurs drageons de remplacement, puis la pousse mère se dessèche et meurt. Elle sera supprimée lors de la taille d'hiver, alors que les nouveaux drageons seront taillés à 50 ou 80 cm de longueur en fonction de leur vigueur. On en profitera pour supprimer carrément les rameaux trop chétifs ou mal aoûtés, ayant poussé tardivement au cours de l'été.

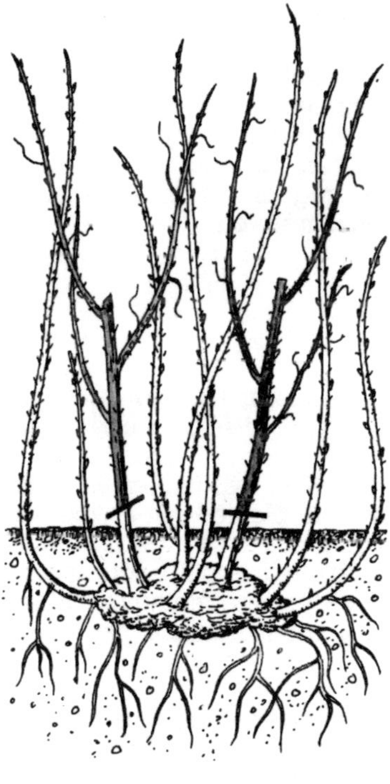

Fig. 83. Aspect d'une touffe de Framboisier en hiver. Les pousses de l'année ne sont pas ramifiées. Elles seront légèrement rabattues lors du palissage. En revanche, les pousses de deux ans ayant fructifié sur les ramifications supérieures, et actuellement desséchées, sont à supprimer à la base.

Puis, l'hiver suivant, soit deux années après la plantation, la souche a émis un nombre de rejets suffisants pour former une touffe. Ceux-ci sont taillés à 80 cm de longueur, alors que les rameaux desséchés de la touffe sont supprimés. On ne conserve au maximum que de huit à dix drageons par touffe (fig. 83).

• La taille de fructification

C'est essentiellement une taille de nettoyage.

Variétés remontantes. En hiver, il faut supprimer tout ce qui a porté des fruits, c'est-à-dire les rameaux nés l'année précédente ayant normalement fructifié et les extrémités des drageons de l'année ayant fructifié à l'automne. On ne conservera que de huit à dix rameaux par touffe et ils seront taillés à 80 ou 90 cm de longueur (ou plus, selon la méthode de palissage).

Variétés non remontantes. La « taille » est identique à celle des variétés remontantes, mais il n'y a pas à se préoccuper de la suppression de l'extrémité de rameaux ayant fructifié à l'automne. Comme pour les variétés remontantes, on ne conserve que les plus beaux drageons et on les raccourcit quelque peu, surtout lorsqu'ils sont très longs, afin de pouvoir les palisser correctement.

• Le palissage

Il n'est pas indispensable, mais il est pratiquement nécessaire dans les jardins. Il permet d'ailleurs une cueillette plus aisée.

Le palissage sur échalas. Les touffes étant distantes de 1 m ou 1,20 m, les échalas sont plantés soit au pied de la touffe, et les tiges de chaque touffe sont alors liées ensemble, soit entre deux touffes, et les tiges de chaque touffe sont attachées par moitié de part et d'autre. Cette dernière méthode a l'avantage d'aérer les rameaux et d'aider à la mise à fruits par l'arcure qui en résulte (fig. 84).

Arcure à plat. Elle convient pour une plantation en rang à 1 m ou 1,20 m d'écartement sur le rang. De forts poteaux sont plantés à chaque extrémité du rang et trois fils de fer sont tendus à 40 cm d'écartement. Les tiges sont palissées sur ces fils de fer et, si possible, arquées. Cette méthode permet de garder des drageons assez longs et donc d'augmenter la production. Elle facilite aussi énormément la cueillette (fig. 85).

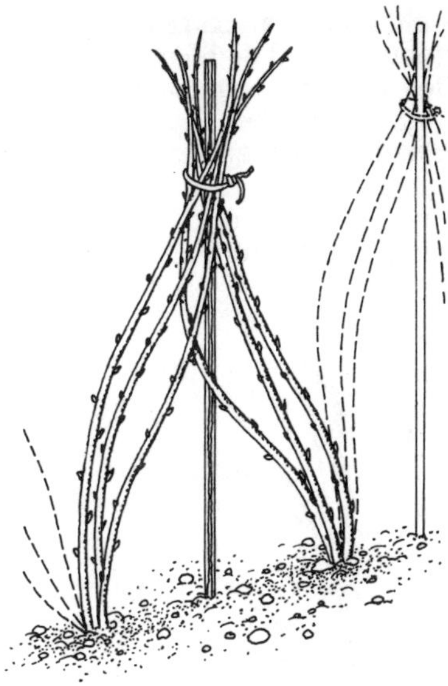

Fig. 84. Palissage des Framboisiers sur échalas.

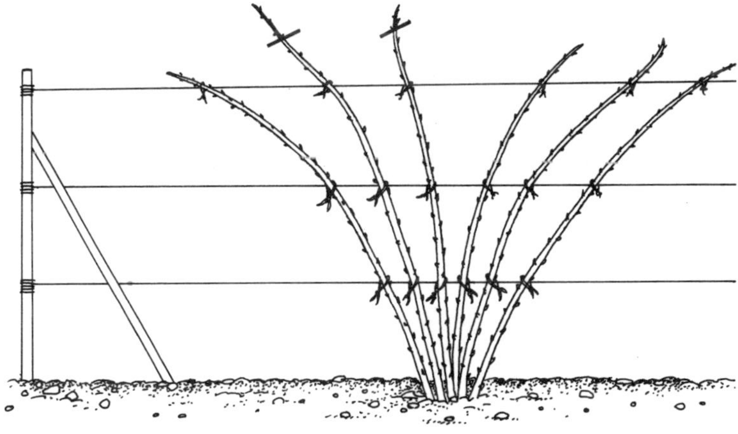

Fig. 85. Palissage des Framboisiers en arcure à plat. Les rameaux trop longs sont légèrement rabattus après palissage.

La méthode dite « hollandaise ». La plantation a lieu en ligne à 60 ou 70 cm d'écartement. A 40 ou 50 cm de part et d'autre de la ligne, on plante des piquets dépassant de 60 cm du sol et destinés à recevoir un fil de fer. Après la taille, les tiges conservées sont écartées de part et d'autre et palissées sur les fils de fer. Cette méthode facilite le développement des nouvelles pousses, qui ne se trouvent plus ombragées par les anciennes et qu'on laisse croître verticalement.

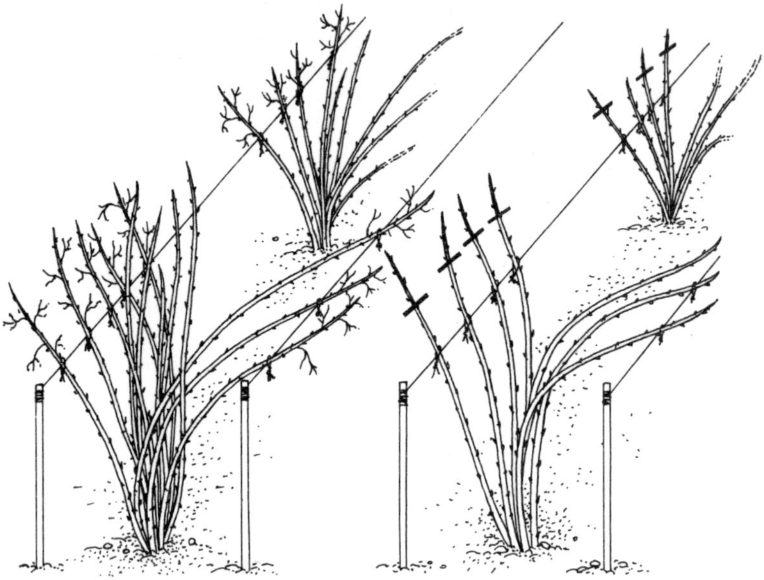

Fig. 86. Palissage des Framboisiers selon la méthode hollandaise.

Le Groseillier à grappes

• Le mode de végétation

Le Groseillier à grappes est un arbuste dont la base émet assez régulièrement des rejets vigoureux. Par la suite, ceux-ci se ramifient et donnent, d'année en année, des pousses moins vigoureuses. Finalement, ils s'affaiblissent et gagnent à être remplacés par de nouvelles branches.
Les grappes de fleurs apparaissent sur les rameaux de l'année précédente, de préférence sur ceux de vigueur moyenne, et sur des productions courtes, un peu comparables à des dards ou à des bouquets.

• La formation d'une touffe

Le jeune plant, obtenu par bouturage, est mis en place. A la fin de la première année, les rameaux portés par la bouture sont taillés à deux yeux. L'année suivante, on obtient ainsi la formation de quelques pousses qui amorcent la formation de la touffe. Ces

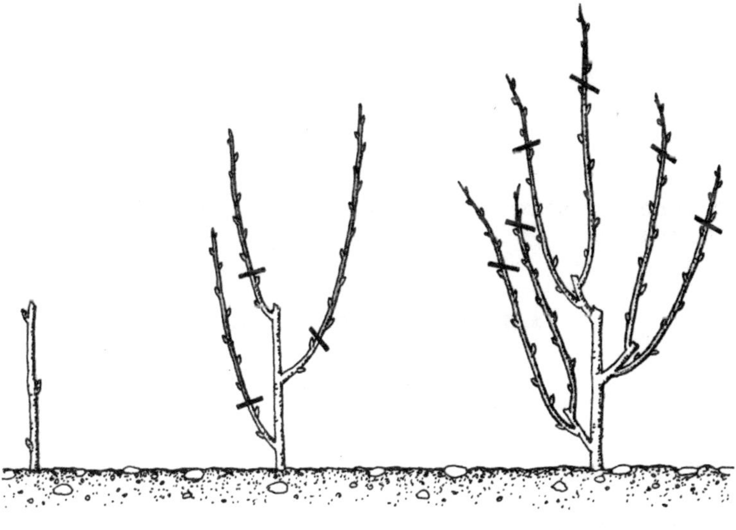

Fig. 86 bis. Les différentes étapes de la formation d'une touffe de Groseillier. Les rameaux qui se développent sur la bouture racinée permettent de constituer la base de la charpente.
La taille des premières pousses permet le développement de nouveaux rameaux qui assureront la formation de la touffe.

pousses sont taillées l'hiver suivant à 20 cm environ. Cette taille les fait ramifier et, en outre, provoque la sortie de nouvelles pousses insérées sur la partie souterraine de la souche. Celles-ci sont d'ailleurs capables d'émettre des racines adventives. On obtient une touffe de dix à douze branches en troisième année. Par la suite, la taille consiste à rabattre chaque année des branches de deux ou trois ans pour provoquer l'apparition de pousses de remplacement. Les rameaux d'un an doivent être laissés intacts, car c'est à leur extrémité qu'ils produiront les plus belles grappes.
Au besoin, les vieux bois ne seront supprimés que progressivement, c'est-à-dire en n'enlevant chaque année qu'une partie de leur ramure.

• Le recépage

Dans le cas où les touffes sont très affaiblies, on peut les recéper et former une nouvelle charpente avec les rejets qui naissent alors de la souche.

Le Groseillier à maquereau
(Groseillier épineux)

Il se conduit selon les mêmes principes que le Groseillier à grappes.

La Mûre sans épines

Cette plante est directement issue de la Mûre sauvage et ses longues tiges souples, qui atteignent 4 à 5 m de longueur, sont palissées sur tous supports tels que tonnelles et pergolas ou attachées et réparties en éventail sur des fils de fer tendus entre des poteaux ou fixés sur un mur.

La taille est réduite à la suppression des plus vieux rameaux, au-dessus d'une jeune pousse destinée au remplacement. Les productions fruitières se forment à la fois sur les rameaux de l'année et sur ceux de deux ans.

Le Myrtillier

La plante forme naturellement une touffe qui peut dépasser 1 m de hauteur.
La taille consiste seulement à rajeunir progressivement cette touffe en supprimant chaque année, au printemps (avril), quelques-unes des pousses les plus âgées.
Nous rappellerons que le Myrtillier est une plante acidophile et qu'il est indispensable qu'il soit planté dans un sol lui convenant pour croître et fructifier normalement.

ph. 13

ph. 14

LA VIGNE

Compte tenu de l'importance de l'espèce, nous avons tenu à lui consacrer un chapitre particulier. Nous n'entrerons pas dans le détail des formes d'autrefois, souvent plus décoratives que rentables et exigeant un travail de tous les instants.
Conservant notre méthode habituelle, nous exposerons tout d'abord les généralités concernant le mode de végétation de cet arbrisseau, puis nous en tirerons des conclusions sur la façon de le tailler. Nous traiterons principalement la Vigne pour raisin de table, la Vigne à vin, objet de tailles particulières et régionales, n'ayant qu'un intérêt limité en culture d'amateur.

La Vigne à raisin de table

Le mode de végétation

Les différentes sortes de Vignes sont, à l'état sauvage, des lianes qui grimpent aux arbres et peuvent atteindre des dizaines de mètres de développement. Les pousses que donne la Vigne sont tantôt dressées, tantôt retombantes. Les feuilles sont alternes et les grappes apparaissent à la hauteur des troisième à sixième feuilles. Il peut apparaître deux grappes par pousse, et même trois sur certains cépages (« plant de trois »). Ces grappes sont d'ailleurs de dimensions très variables selon le cépage.
Pour comprendre la taille, il faut savoir que toutes les pousses issues d'une souche ne sont pas également fructifères : chez la plupart des variétés, ce sont seulement les yeux situés sur le bois de l'année précédente qui donnent des pousses portant des grappes normalement constituées. Encore doit-on préciser que les yeux situés tout à fait à la base du sarment de l'année précédente sont souvent stériles. En outre, la fertilité d'un œil est d'autant mieux assurée que cet œil est plus élevé sur le sarment considéré : c'est l'origine de la « taille à long bois » dont nous nous occuperons plus loin, et qui consiste à conserver sur chaque pied de Vigne un ou deux sarments presque entiers qui

Fig. 87. Jeune sarment de Vigne portant deux grappes.

produisent des pousses fructifères en abondance. L'année suivante, tout cet ensemble de pousses est supprimé et remplacé par un jeune sarment.

En comparaison avec cette « taille à long bois », nous étudierons la « taille à coursonnes » : la charpente porte des ramifications courtes sur lesquelles on choisit chaque année un ou deux bourgeons fertiles, mais aussi rapprochés que possible de la charpente, selon les principes habituellement appliqués à la taille des arbres fruitiers par remplacements.
Les yeux situés sur vieux bois sont stériles chez la plupart des variétés et se comportent comme des gourmands. Il y a cependant exception pour le Gamay et l'Aramon. Comme ces repousses sur vieux bois apparaissent souvent à la suite du gel des autres bourgeons, on comprend ainsi que les deux cépages susmentionnés produisent plus facilement que d'autres après une gelée printanière.

Il résulte de ce qui précède qu'il faut tailler long les variétés dont les yeux situés à la base des sarments sont stériles. De toute façon, on ne tiendra pas compte des yeux peu espacés, dits « bourillons », situés tout à fait à la base du sarment.
En taillant, il faudra aussi observer la grosseur des sarments : les petits ne donnent souvent qu'une maigre récolte, et il en est de même chez ceux dont le bois est mou, c'est-à-dire mal mûri par suite d'une végétation retardée, ou après attaque de parasites. Les très gros sarments ne sont pas recommandables non plus : leur excès de vigueur tend à provoquer la coulure, c'est-à-dire la non-fécondation et la mauvaise tenue des grains. On taillera donc, quand la chose est possible, sur des sarments de vigueur moyenne.

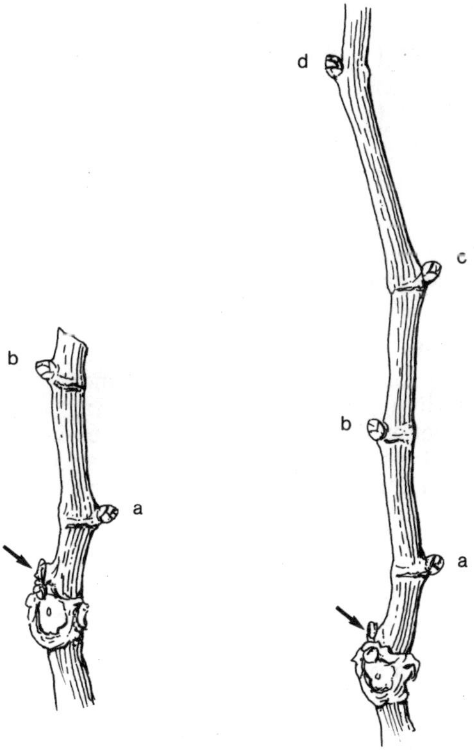

Fig. 88. Les « yeux » de la Vigne. Les flèches indiquent les bourillons qui ne doivent pas être considérés comme des « yeux ». Ceux-ci sont repérés par les lettres **a, b, c** et **d**.

Habituellement, on taille les sarments à 2 ou 3 cm plus haut que l'œil que l'on désire conserver. Il n'y a aucun inconvénient à laisser un chicot, qui est appelé à disparaître l'année suivante lors de la taille de remplacement.
Chaque feuille de Vigne est accompagnée soit d'une vrille, soit d'une grappe qui est, en somme, une vrille ayant évolué de façon particulière ; la grappe porte d'ailleurs, très souvent, une ramification stérile en forme de vrille (fig. 89).

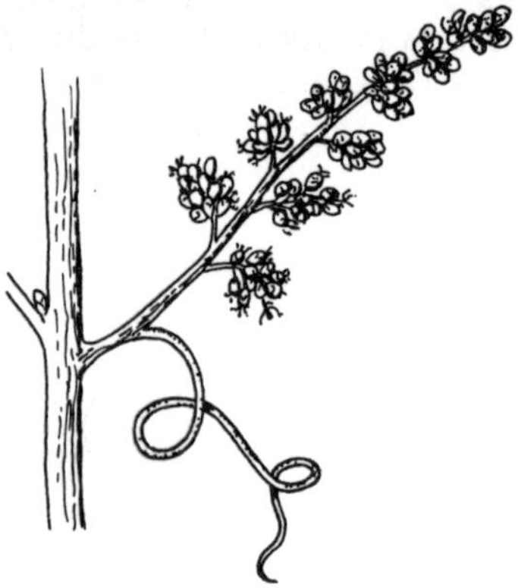

Fig. 89. Inflorescence de la Vigne.

La taille d'hiver de la Vigne, sous notre climat, s'effectue, en général, peu de temps avant le débourrement : cette taille relativement tardive présente, en effet, le gros avantage de retarder la végétation d'une dizaine de jours, et de limiter ainsi très sérieusement les dégâts pouvant être occasionnés par une gelée tardive. On a même conseillé, pour cette raison, de ne tailler qu'après le débourrement des yeux supérieurs, comme cela se fait pour les Rosiers.
Lorsqu'on taille la Vigne assez tard au printemps, on constate que, dans les jours qui suivent, les coupes laissent échapper de la sève ; on dit que la Vigne « pleure ». Chaque cep peut ainsi perdre plusieurs litres de liquide.
Bien des viticulteurs pensent que c'est là une cause d'affaiblissement importante. En fait, l'analyse montre que les « pleurs de la Vigne » sont constitués presque uniquement par de l'eau pure. Dans tous les cas, le léger affaiblissement qui peut en résulter est négligeable, comparativement au bénéfice que l'on tire d'une taille tardive, par suite du moindre risque de gelée des grappes de fleurs.

La Vigne en formes palissées

La présente étude concerne uniquement la conduite des treilles à raisin de table, telle qu'on la pratique dans les jardins et éventuellement en serre d'amateur.

Disons tout d'abord que les principes de formation des treilles restent sensiblement les mêmes que pour les arbres fruitiers. Les charpentes utilisées étant toujours simples, on les obtiendra sans difficulté en dirigeant par le palissage des pousses convenablement choisies.
L'équilibre entre les différentes branches s'obtient d'une façon quasi automatique, d'autant plus que le nombre de branches est bien souvent réduit à deux, ou même à une seule... De toute façon, si une branche est plus forte qu'une autre, c'est la forte qui sera taillée plus court que la faible.
L'allongement de la charpente est obtenu chaque année par le développement d'un bourgeon de prolongement, et les yeux portés par ce bourgeon donneront l'année suivante de jeunes coursonnes.
Nous avons conseillé de ne pas tailler trop long les prolongements des Poiriers afin de ne pas avoir des vides dans le coursonnement. En ce qui concerne la Vigne, l'apparition de ces vides est moins à craindre si on allonge beaucoup la charpente, mais un phénomène nuisible peut intervenir : nous voulons parler de l'affaiblissement des coursonnes plus anciennes, situées plus près du pied. Il ne faut pas oublier, en effet, que la Vigne est une liane, et, comme telle, développe son activité vers les extrémités, alors que la base s'atrophie. Le déséquilibre qui tend ainsi à se manifester sera combattu en n'allongeant la charpente que progressivement, ce qui peut paraître un inconvénient au point de vue du temps nécessaire à l'obtention du rendement maximum.
Mais il ne faut pas oublier que, même en formant très vite une treille, ou un arbre, les premières récoltes seront faibles parce que le système radiculaire, pas encore assez développé, répondra insuffisamment à la demande d'éléments nourriciers. Il en résultera de la coulure, plus de sensibilité aux maladies, et le déséquilibre de certaines coursonnes.

• Les cordons verticaux

Le cordon vertical (fig. 90) est la forme la plus simple pour garnir un mur (ou une serre). Afin que deux cordons voisins n'entrecroisent pas leurs pousses, on les plante habituellement à 80 cm

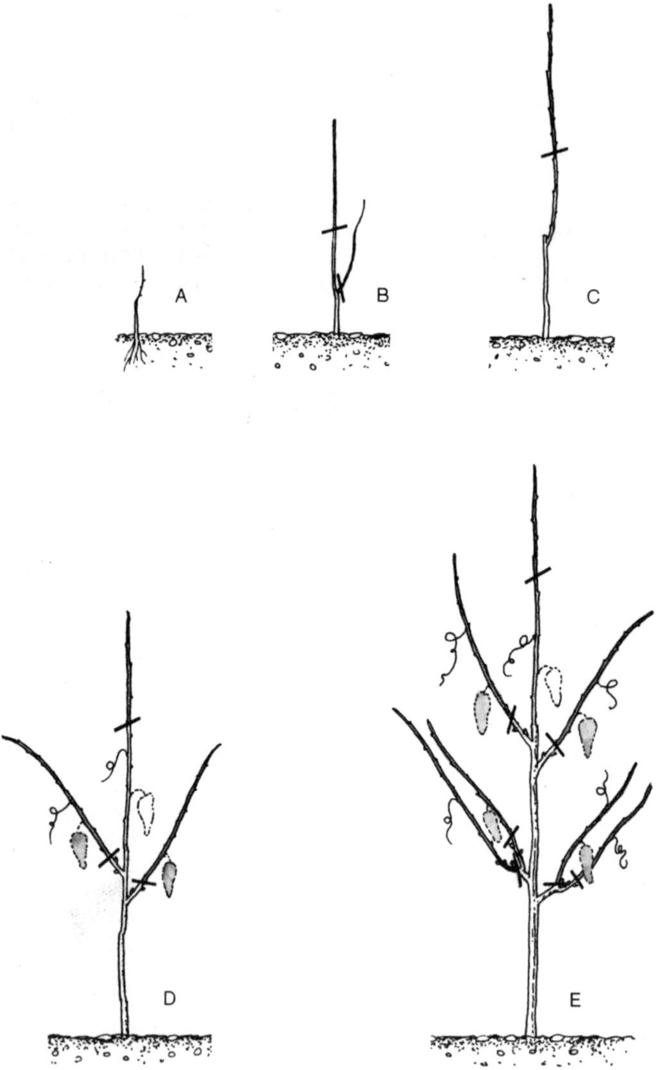

Fig. 90. Formation du cordon vertical.
A - Hiver. Plantation du jeune plant greffé.
B - 1er hiver. Première taille l'année suivante.
C - 2e hiver. Début de la taille de formation.
D - 3e hiver. Taille suivante après la première récolte.
E - Taille des coursonnes et allongement progressif du cordon.

de distance. En vue du palissage, on dispose sur le mur, avant la plantation, des lattes verticales, fixées sur fil de fer et distantes de 13 cm environ. Il y aura donc un pied de Vigne toutes les six lattes, ou toutes les cinq lattes si leur espacement est de 16 cm. La plantation s'effectue souvent avec des marcottes qui donneront l'année même un sarment assez fort pour être taillé l'hiver suivant (un an après la plantation). Si l'on utilise de simples plants greffés-racinés, il faut souvent attendre une année supplémentaire avant de pouvoir exécuter la première taille de formation. C'est pourquoi nous préconisons une première taille qui consiste à maintenir simplement une tige unique dont on supprime la partie supérieure souvent mal lignifiée.
Quoi qu'il en soit, la première taille véritable s'effectue sur un sarment bien constitué, et, si le jeune plant présente deux sarments, on ne conserve que le plus fort. Les sarments secondaires qui peuvent se développer devraient d'ailleurs toujours être supprimés par ébourgeonnement dès leur apparition, car ils vivent au détriment du sarment à conserver.

La première taille de formation a lieu à 30 cm environ au-dessus du sol. Dans ces conditions, l'œil le plus élevé donne le prolongement, et les deux yeux immédiatement au-dessous donnent les deux premières coursonnes. Si d'autres pousses apparaissent, elles seront supprimées au printemps (ébourgeonnement). L'année suivante, les coursonnes seront taillées comme nous vous l'indiquerons ultérieurement, et le prolongement vertical sera taillé à 25 ou 35 cm de longueur, afin de constituer sur ce parcours deux ou trois nouvelles coursonnes et un prolongement. Cette augmentation annuelle de deux ou trois coursonnes est, bien entendu, une moyenne. On pourra former quatre coursonnes si la végétation est vigoureuse (par exemple, pour un vieux pied recépé), ou une seulement si la végétation est faible. On allongera ainsi progressivement le cordon jusqu'à atteindre le sommet du mur, en avançant d'autant plus vite que les jeunes plants semblent plus vigoureux.

• Les cordons verticaux alternés

Nous avons supposé avoir un mur de 2 m ou 2,50 m, ce qui est la hauteur maximale pour le cordon vertical. Il n'est en effet guère possible d'allonger davantage sous peine de voir les coursonnes de la base dépérir toutes, la sève étant accaparée par celles du sommet. Lorsque le mur est plus élevé, on a alors recours à la disposition dite en « cordons verticaux alternés » : un plant sur deux est formé comme précédemment indiqué de façon à garnir la partie inférieure du mur, tandis que les autres

pieds coursonnés seulement en hauteur vont garnir la partie supérieure. La formation du tronc de ces cordons hauts consiste à allonger le prolongement de 50 à 60 cm par an jusqu'au point voulu (fig. 91). Quelques rameaux latéraux sont conservés provisoirement sur cette partie afin de favoriser le grossissement du « tronc ». Dès que la hauteur atteinte est suffisante pour commencer le coursonnage, ces pousses latérales seront supprimées sur empattement.
On indique généralement que deux coursonnes superposées, c'est-à-dire situées toutes deux à droite ou à gauche du cordon, devront être distantes de 25 cm environ. On évitera la position de face, qui rend le palissage des pousses difficile.

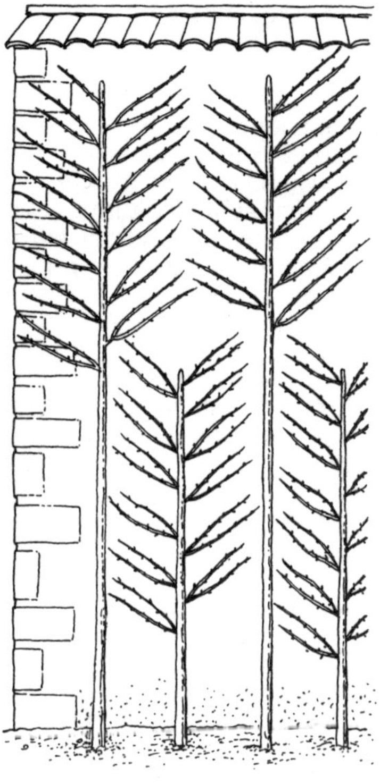

Fig. 91. Disposition de la Vigne en cordons verticaux alternés pour garnir un mur assez haut.

• Le cordon horizontal

Un autre mode de formation de la Vigne particulièrement recommandable est le cordon horizontal. Ce dernier permet une économie notable d'installation du fait que les lattes destinées au palissage peuvent être remplacées par un simple fil de fer avec tendeur. Cette forme permet de garnir les murs et de constituer des tonnelles ou des contre-espaliers.

Rien n'est plus facile que l'obtention d'un cordon unilatéral. Il suffit de diriger d'abord la tige verticalement, au besoin au moyen d'une petite latte, puis de la courber à la hauteur voulue en l'attachant sur le fil de fer. Là, comme pour les cordons du Pommier, il faut faire en sorte de ne pas exécuter de taille dans le point de courbure, ce qui donnerait à ladite courbe un aspect irrégulier : on taillera au-delà de la courbe, ou, si la longueur du sarment ne le permet pas, avant la courbe. Les coursonnes seront de préférence dirigées vers le haut, contrairement aux cordons de Pommiers et Poiriers que nous avons conseillé de coursonner latéralement. Chez un Pommier, la coursonne implantée sur le dessus d'un rameau est, en effet, trop vigoureuse et souvent stérile.

Pareil inconvénient n'est guère à craindre pour la Vigne qui, du fait de la nature vagabonde de ses rameaux, ne tend pas à alimenter préférentiellement les parties verticales.

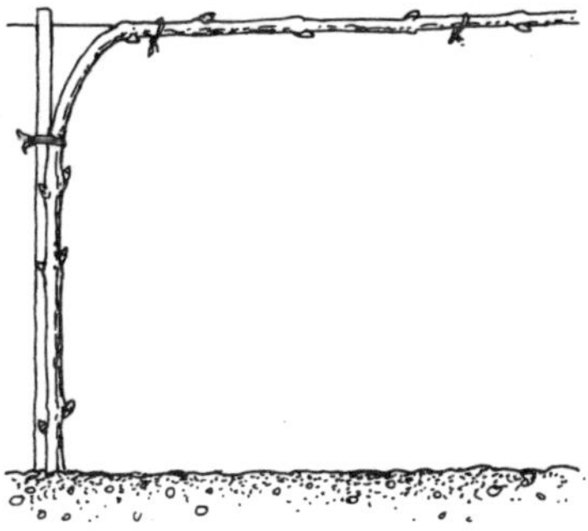

Fig. 92. Cordon horizontal de Vigne.

Si l'on désire former **un cordon bilatéral**, un cordon « Thomery », la fourche peut être obtenue par différents moyens, qui d'ailleurs sont équivalents. On pourra, par exemple, couder le sarment sur le fil de fer de telle sorte que l'œil terminal soit dirigé vers le bas, tandis que le suivant sera dirigé vers le haut. On obtient ainsi une fourche à peu près symétrique, à la condition de palisser judicieusement les deux pousses obtenues.

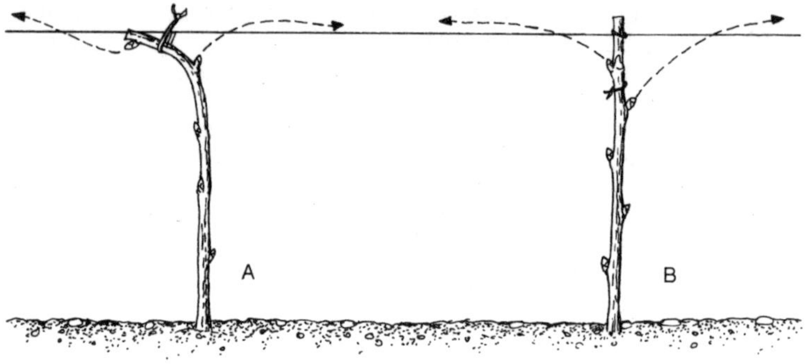

Fig. 93. Formation d'un cordon bilatéral.
A - Arcure du sarment. L'œil situé sur le dessus du coude assurera la ramification de droite. L'œil inférieur du rameau arqué produira le prolongement de gauche.
B - Taille du sarment au-dessus de deux yeux bien formés qui assureront le départ des deux rameaux.

On peut encore obtenir la fourche en taillant la tige verticale un peu au-dessous du fil de fer ainsi que nous l'avons représenté sur le dessin. Les deux yeux supérieurs donnent deux sarments qu'il suffit de palisser. Si d'autres pousses apparaissent en surnombre, on les supprime le plus tôt possible, bien entendu.
Pour la Vigne, comme pour les Poiriers, cette méthode donne de bonnes fourches bien équilibrées. Son seul inconvénient par rapport à la précédente est de nécessiter le soutien de la tige verticale par une latte fichée en terre d'une part, et attachée au fil de fer horizontal d'autre part. Dans la méthode précédente, la tige étant directement attachée au fil de fer, on peut à la rigueur se dispenser de la maintenir par une latte.
Par la suite, les cordons seront allongés chaque année de manière à leur donner une coursonne s'ils sont faibles, deux ou trois s'ils sont vigoureux. Ces coursonnes seront distantes de 25 cm environ et dirigées vers le haut de préférence.

Les cordons horizontaux peuvent être disposés dans un jardin en bordure d'une allée et doivent alors être surmontés d'un fil de fer horizontal, à 30 cm environ de la charpente, afin de permettre le palissage des jeunes pousses. On peut évidemment superposer deux ou plusieurs lignes de cordons à 50 cm de distance, et constituer ainsi un ensemble comparable à un contre-espalier. La même opération peut se pratiquer le long d'un mur : c'est ce que l'on appelle la treille à la Thomery. Ce nom est celui d'un petit village de Seine-et-Marne, proche de Fontainebleau, où la Vigne se cultivait naguère le long des murs bien exposés pour approvisionner en raisin de table les hôtes du château ou la capitale. Bien qu'excellente pour garnir un mur, cette disposition « à la Thomery » est tombée en désuétude, car elle est très contraignante et exige des soins constants et minutieux.

La taille de fructification ou taille des coursonnes

(Les coursonnes sont souvent dénommées « coursons ». C'est une appellation spécifique à la Vigne.)
Voir figure 94, page suivante.
En préliminaire, rappelons que la Vigne fructifie exclusivement sur les rameaux de l'année en cours de croissance, nés eux mêmes sur du bois de l'année précédente. Toutefois, une partie seulement des yeux portés par le bois d'un an fournit ces rameaux porteurs de grappes, les autres pousses étant stériles. Rien ne différencie les yeux fertiles des yeux stériles, mais l'expérience montre que, pour une variété donnée, leur position relative sur le rameau est à peu près constante. Les yeux de petite taille, souvent rapprochés, situés sur l'empattement du rameau et nommés « bourillons », ne sont qu'exceptionnellement fertiles.
Chez le chasselas, le muscat d'Alexandrie et beaucoup d'autres variétés à « bois moyen », c'est le deuxième œil situé au-dessus des bourillons qui donne le meilleur rameau fructifère. En revanche, chez les variétés à « gros bois » comme le Frankental, certains muscats, le Gros Colman, etc., c'est seulement le troisième ou le quatrième œil qui est capable de fructifier, les yeux inférieurs étant stériles. Ces données permettent de déterminer, pour chaque variété, la longueur de taille *a priori* favorable.
Le but de cette taille est d'obtenir sur chaque courson :
— un rameau fructifère ;
— un rameau de remplacement, qui servira de « base de taille » l'année suivante.

Fig. 94. Évolution d'une coursonne de vigne.

A - Première taille du sarment à deux yeux. On remarquera les bourillons à la base du sarment.

B - Développement de deux rameaux l'été suivant. L'un d'eux est fructifère, l'autre assurera le remplacement.

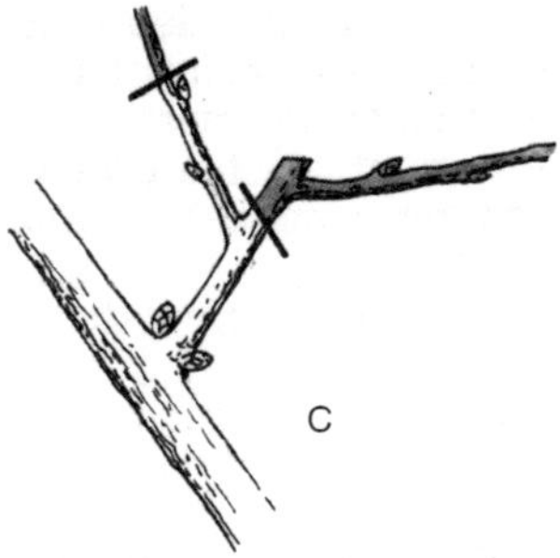

C - Taille du deuxième hiver. On supprime le rameau ayant produit et l'on taille le rameau de remplacement à deux yeux. Nous retrouvons alors le cas A.

La première année, ce résultat est obtenu automatiquement à la suite d'une taille moyenne à deux yeux. Lorsque la taille est plus longue, l'œil supérieur fournit le sarment fertile et celui de la base le rameau de remplacement. Les pousses nées des yeux intermédiaires, sans utilité, sont supprimées par ébourgeonnement. Les années suivantes, la taille consiste à rabattre toute la partie ayant fructifié au-dessous du rameau de remplacement et à traiter ce dernier comme ci-dessous.

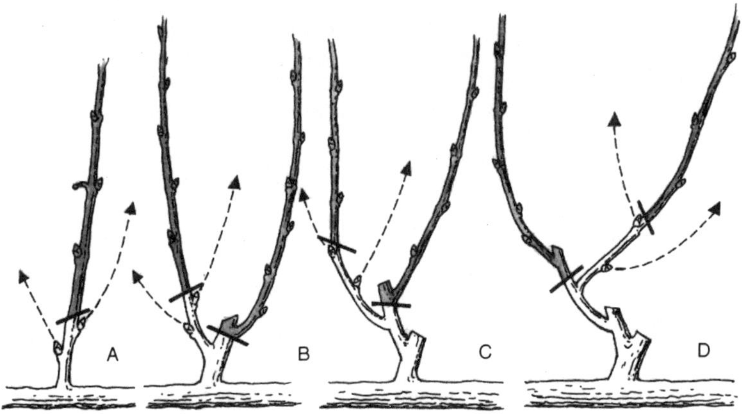

Fig. 95. Tailles successives d'une coursonne pendant quatre ans.

Afin de limiter le risque de gel des rameaux utiles, ne taillez jamais avant que les pousses n'aient commencé à se développer à l'extrémité des sarments (en mars en région parisienne). La sève, déjà en mouvement, s'échappe alors en quantité importante par chaque coupe, mais ces « pleurs de la Vigne » sont sans importance.
Dans certains cas, et notamment pour des chasselas, il arrive que l'un des bourillons situés tout à fait à la base du rameau donne une pousse assez vigoureuse pour permettre de constituer un remplacement plus rapproché encore de la charpente. Pour des variétés comme le Frankental par exemple, la récolte n'est assurée que par le troisième ou le quatrième œil ; il faut donc tailler très long, au-dessus du quatrième œil. Le remplacement sera, bien entendu, obtenu par l'œil le plus rapproché de la base. Quant aux deux yeux intermédiaires, qui donneraient des pousses inutiles, le mieux est de les supprimer tout de suite ; cette opération s'appelle l'« éborgnage ».

• Cas anormaux

En dehors des cas classiques de taille ayant donné un rameau à fruits et un remplacement, il convient d'envisager un certain nombre de cas anormaux.
Par exemple (en A sur la figure 96), il peut se trouver que le sarment inférieur (remplacement) soit trop faible pour assurer l'obtention d'une belle grappe. Nous taillerons ce sarment faible à un œil, afin d'obtenir si possible un bon remplacement pour l'année suivante, et le rameau supérieur assurera encore une année la récolte. A cette fin, nous le taillerons sur un œil fertile, étant entendu que les yeux que portera ce sarment à la base seront éborgnés ; c'est ce que l'on appelle la « taille en crochet » parce que la forme générale de la coursonne rappelle le crochet que l'on peut fabriquer avec une branche fourchue.

Dans le cas d'une coursonne affaiblie par maladie ou accident (en B sur la figure 96), et si le seul sarment qu'elle porte est trop faible pour fructifier, on taille celui-ci sur le premier œil bien formé. Si une grappe apparaît tout de même, on la supprime afin d'éviter un affaiblissement supplémentaire. On peut espérer régénérer ainsi la coursonne. (Ne pas pincer en été, ce qui est aussi une cause d'affaiblissement.)

Dans le cas inverse d'une coursonne très forte (en C sur la figure 96), portant trois sarments, par exemple en raison d'un oubli à l'ébourgeonnement, on rabat la coursonne au-dessus du sarment le plus rapproché de la base. Celui-ci est taillé à deux yeux ou plus, selon la variété.

Fig. 96. Cas anormaux. La coursonne n'évolue pas toujours aussi régulièrement que dans le dessin précédent.

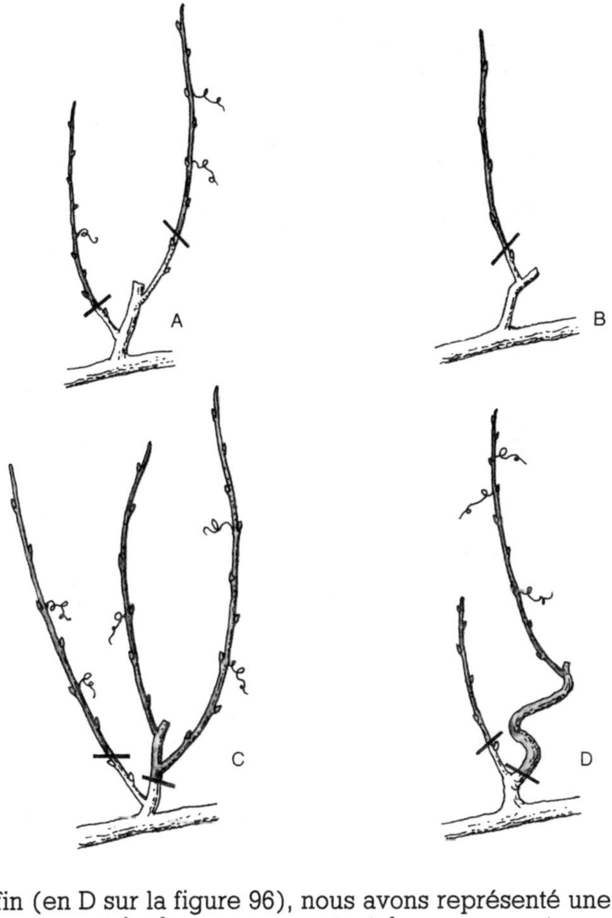

Enfin (en D sur la figure 96), nous avons représenté une vieille coursonne, très longue, et portant heureusement une faible pousse près de sa base. On rabat la coursonne au-dessus de cette pousse qui sera elle-même taillée à un ou deux yeux. Il y a peu de chances de récolte la première année ; mais la coursonne se trouve raccourcie, ce qui est un avantage suffisant pour motiver l'opération.

On voit, par cet exposé, que la taille de la Vigne par remplacement est extrêmement simple. Son emploi est, du reste, général dans les jardins (et dans les serres).

La régénération des vieux pieds de Vigne

Le dépérissement d'une Vigne est souvent dû aux incrustations de bois mort que contient la charpente. Il en résulte une mauvaise circulation de la sève, et une plus grande sensibilité aux parasites. Beaucoup de coursonnes peuvent même disparaître. Le remplacement de quelques coursonnes peut être assuré par un jeune sarment palissé le long de la charpente principale, et qui constitue en somme une charpente auxiliaire. Si la charpente

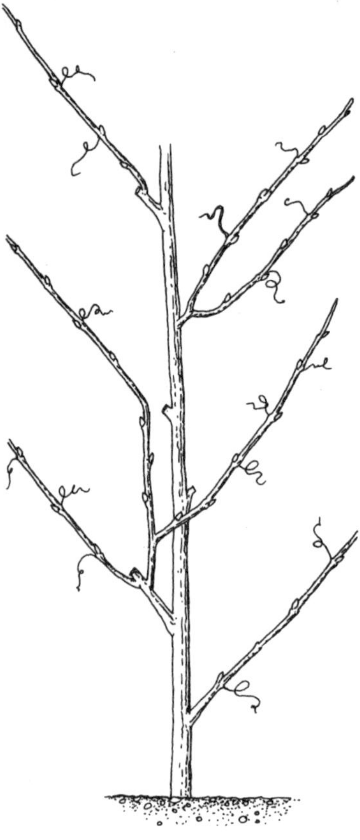

Fig. 97. Régénération de vieux pieds de Vigne palissés. Les coursonnes disparues sont remplacées par de jeunes ramifications.

est vraiment très affaiblie, mieux vaut la rabattre près de sa base pour en former une nouvelle, à partir d'une pousse qui ne manquera pas de se former à proximité de la coupe.

Si l'on dispose d'un bon sarment près de la base, on peut former, au moins partiellement, avec ce sarment, une nouvelle charpente, avant de supprimer l'ancienne. Il suffit pour cela de couper les vieilles coursonnes de la base, afin de laisser la place aux nouvelles.

En complément de la taille proprement dite, deux opérations restent à effectuer en cours de végétation : ce sont l'ébourgeonnement et le pincement.

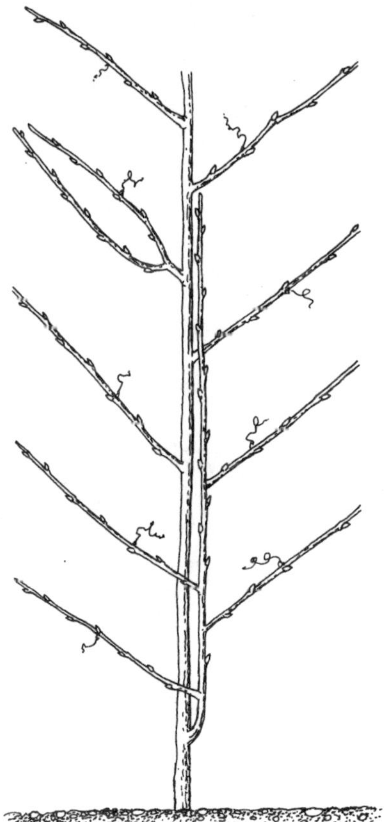

Fig. 98. Rajeunissement d'un vieux pied de Vigne.

• L'ébourgeonnement

Lorsque la Vigne est conduite à simples coursons, comme c'est presque toujours le cas dans les jardins, nous savons que la taille d'hiver a pour but d'assurer la sortie d'une ou de deux pousses vigoureuses sur chaque courson. La pousse issue de l'œil le plus éloigné de la base a les meilleures chances d'être fertile. La pousse la plus rapprochée de la base, au contraire, est souvent stérile, et son rôle est de produire le bois de taille pour l'année suivante.

L'expérience montre que, bien souvent, en dehors des deux ou trois bons yeux conservés, beaucoup d'autres, presque invisibles au moment de la taille d'hiver, commencent à évoluer sous la poussée printanière de la sève. Les pousses qui en résultent, généralement mal constituées, doivent être supprimées le plus tôt possible afin d'éviter une déperdition de sève et un ombrage inutiles : c'est l'opération de l'ébourgeonnement.

Fig. 99. Cas normal d'ébourgeonnement de la Vigne.

L'ébourgeonnement se pratique en général en mai, lorsque toutes les pousses à supprimer sont bien visibles. On arrache tout simplement ces jeunes pousses à la main, mais, si elles sont trop grosses, on les tranche à l'aide d'une serpette ou d'un greffoir. Dans le cas de variétés très fertiles, que l'on taille souvent à un seul œil, l'ébourgeonnement ne laisse persister que la pousse correspondante, laquelle assure à la fois raisins et remplacement.

Dans le cas classique de la taille à deux yeux, on conserve bien entendu les deux pousses résultantes, au moins provisoirement, c'est-à-dire jusqu'à l'époque du pincement. Remarquons cependant que, si un œil latent donne une pousse particulièrement bien placée, c'est-à-dire insérée très près de la charpente et bien dirigée, on pourra conserver cette pousse au lieu du remplacement normal. On obtient ainsi un bon rajeunissement de la coursonne.

Enfin, dans le cas des cépages que l'on taille à trois ou quatre yeux, l'ébourgeonnement consiste à supprimer toutes les pousses intermédiaires entre le remplacement et la pousse supérieure. Toutefois, si la coursonne est assez éloignée de ses voisines, et qu'elle porte trois pousses dont les deux supérieures sont munies de grappes, on pourra bien entendu les garder toutes les trois. C'est une affaire d'appréciation.
(En ce qui concerne la taille Guyot, il pourra être avantageux de supprimer sur le long bois les pousses peu fertiles, c'est-à-dire en général celles de la base. On évite ainsi une surabondance inutile de sarments.)

• Le pincement

Après l'opération de l'ébourgeonnement vient celle du pincement, pratiquée en juin, lorsque les pousses atteignent une longueur suffisante. Le pincement a pour but, en limitant l'allongement des pousses, d'éviter un affaiblissement des parties inférieures qui portent les grappes et les yeux de taille. Il évite également la confusion des sarments et un ombrage exagéré des rameaux fructifères.

Il est bien entendu, cependant, que le pincement ne doit pas être trop sévère, ce qui aurait pour effet, en limitant l'assimilation chlorophyllienne, d'affaiblir les sarments et de diminuer la récolte. En particulier, ce serait une grosse erreur de croire que des suppressions sévères, en provoquant un afflux de sève, font grossir les grappes : la sève ne peut nourrir les grappes sans avoir d'abord été transformée et enrichie dans les feuilles.

Cela dit, la pratique, fondée sur l'expérience, nous apprend que, dans la majorité des cas, la bonne formation des grappes s'obtient en pinçant les sarments qui les portent à deux ou trois feuilles au-dessus de la dernière grappe. En considérant les feuilles qui accompagnent ou précèdent les grappes, cela fait six à neuf feuilles conservées, ce qui semble tout à fait normal.
Quelques cas particuliers peuvent cependant se présenter. Dans le cas de la taille à deux yeux, il peut arriver que, contrairement à la théorie, la pousse supérieure soit stérile : il faut évidemment supprimer purement et simplement cette dernière, et même la portion de bois de deux ans qui la porte. On réalise ainsi une sorte de taille en vert.

A

Fig. 100. Pincements (dessins A, B, C).
A - Cas où la pousse supérieure est stérile.

Dans le cas normal, où le sarment supérieur est seul fertile, on le pince comme nous l'avons vu à deux ou trois feuilles au-dessus de la grappe. Quant au sarment de remplacement, on lui laisse approximativement la même longueur, soit 40 à 50 cm. Cette longueur est d'ailleurs celle qui sépare les cordons horizontaux constituant les treilles à la Thomery.

B

C

B - Cas normal.
C - Cas où les deux pousses sont fertiles. En même temps que le pincement, on procédera à l'ébourgeonnement des deux pousses de la base.

Sur les Vignes en formation, il peut aussi être avantageux de pincer les prolongements afin d'éviter un affaiblissement des jeunes coursonnes. Il ne faut pas cependant leur laisser moins de 1 m de longueur, car le prolongement, organe générateur de la charpente, gagne à être, malgré tout, assez vigoureux.
Sur les pousses vigoureuses apparaissent souvent des bourgeons anticipés, que l'on appelle entre-feuilles, entre-cœurs, faux bourgeons, etc. Leur présence n'empêche pas la conservation d'un œil parfaitement constitué à l'aisselle de la feuille qui leur a donné naissance. Si cet œil doit être utilisé pour la taille d'hiver, il ne faut pas supprimer l'entre-cœur, mais le pincer à deux feuilles. Cette pratique favorise d'ailleurs l'évolution de l'œil de base.

En même temps que les pincements, on procède parfois à la suppression des vrilles. On accuse ces organes de nuire au développement des grappes, dont ils ne sont, en somme, qu'une forme dégénérée. Voir figure 101, page suivante.

Fig. 101. Pincement d'un bourgeon anticipé et suppression de vrille.

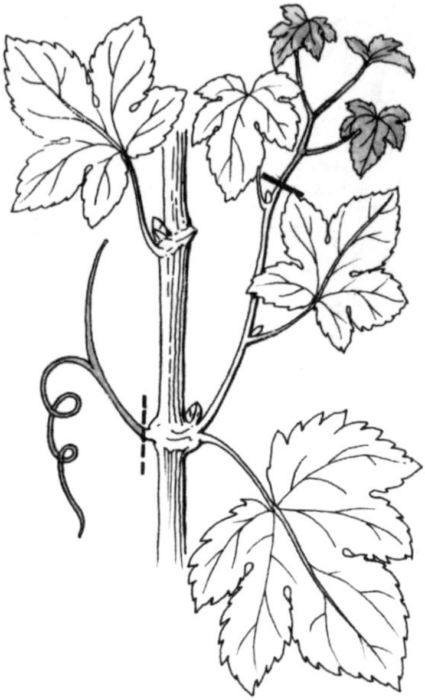

L'incision annulaire et le ciselage. Enfin, nous ne saurions clore cet exposé sur la taille de la Vigne de table sans vous avoir initié à deux techniques particulières qui nécessitent précision et minutie.

Il s'agit en premier lieu de l'**incision annulaire**. Elle consiste à enlever, après la floraison, un anneau d'écorce large de 3 à 5 mm, à environ 3 cm au-dessous de la grappe inférieure. Cette décortication s'exécute au moyen du greffoir ou à l'aide d'un outil spécial appelé inciseur. Elle a pour but d'interrompre la circulation de la sève « descendante », et ce au bénéfice des raisins, améliorant leur richesse en sucre, favorisant leur grossissement et avançant leur maturité de dix à quinze jours.

La seconde opération, que nous pourrions appeler « opération de finition », est le **ciselage**. Pratiqué autrefois pour l'obtention de raisin de luxe, le ciselage reste une fantaisie que l'amateur peut se permettre pour récolter un produit « haut de gamme ». Il consiste à supprimer, à l'aide de ciseaux effilés spéciaux, et avec toute la délicatesse possible, un certain nombre de grains mal conformés, en excédent ou trop serrés, afin que ceux

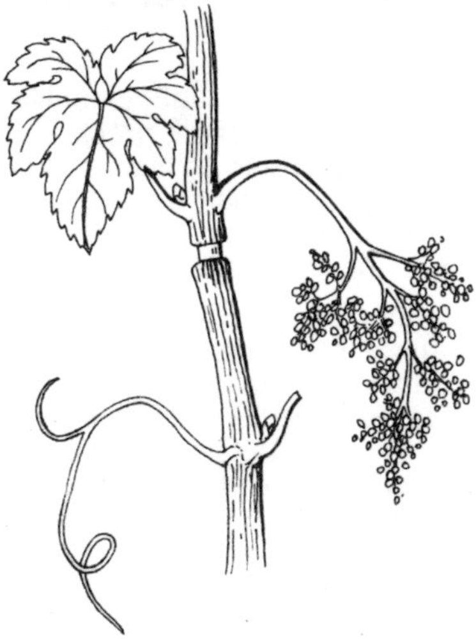

Fig. 102. Incision annulaire. Elle s'effectue sous la grappe pour freiner la descente de sève.

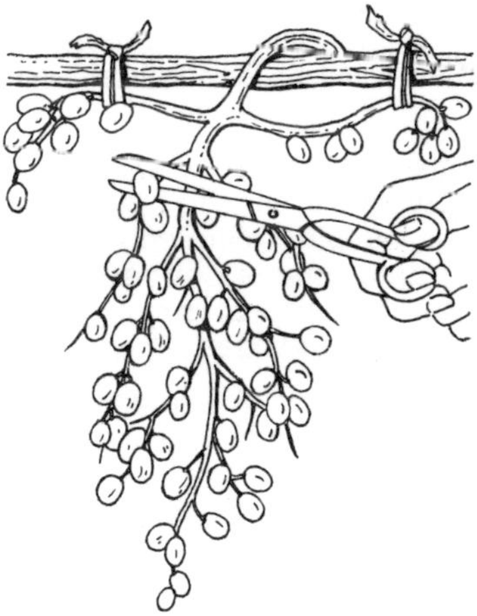

Fig. 103. Opération de ciselage.

conservés puissent se développer sans gêne et qu'ils arrivent à peine à se toucher à maturité. C'est en fait un véritable travail de sculpteur, qui s'effectue dès que les grains atteignent la taille d'un petit pois, mais vous en serez largement récompensé lorsque vous récolterez de superbes grappes homogènes, harmonieusement modelées et dorées à point.

La Vigne à vin

Elle concerne essentiellement les cultures commerciales. Aussi nous bornerons-nous à préciser quelques notions de base, car il existe une infinité de manières de tailler la Vigne. Cela tient aux conditions diverses de culture sous des climats et sur des sols différents, et c'est aussi fonction des caractéristiques bien particulières des variétés et des cépages.

La mode, le désir de mieux faire ou de faire autrement ont contribué également à la mise au point de toutes sortes de variantes locales. Nous allons donc nous efforcer de voir le problème dans son ensemble et établir une sorte de classification des procédés le plus souvent appliqués.
Lorsque la Vigne est conduite sur fil de fer, la forme s'apparente plus ou moins au cordon, simple ou bilatéral, dont nous avons déjà indiqué le mode de formation. En général, ce cordon, plus ou moins allongé selon la vigueur du cépage, est palissé à 30 ou 40 cm au-dessus du sol.

Dans les pays montagneux, là où les gelées tardives sont très à craindre dans les vallées par suite de la formation d'une nappe d'air froid près du sol, on cherche parfois à relever ces cordons à 1 m et plus au-dessus de la terre. Dans l'Isère en particulier, on établit de tels cordons, la plupart du temps conduits en deux étages superposés.

Lorsque la Vigne est conduite sur échalas ou bien encore sans aucun support, on donne généralement à la souche l'aspect d'un gobelet de trois à cinq branches, ou bien simplement d'une « tête de saule ». Cette dernière forme semble peu recommandable, car elle favorise l'apparition de gourmands qui peuvent modifier les conséquences normales de la taille.

Nous n'insisterons pas outre mesure sur ces différentes formes de souches, et nous dirons en matière de conclusion que toutes les formes imaginables sont appliquées à la Vigne. Le choix de ces formes et de leurs dimensions sera surtout guidé par l'observation des coutumes locales, de la vigueur des sujets, etc.

• La taille d'hiver annuelle

Dans le précédent chapitre sur la conduite des treilles, nous avons décrit la taille classique de la Vigne par coursonnes et remplacements. Nous ne la décrirons pas à nouveau et dirons simplement que cette taille est bien souvent appliquée telle quelle dans les vignobles. Il suffit tout simplement de prévoir sur les cordons ou les gobelets un certain nombre de coursonnes, ou, comme disent les viticulteurs, de coursons. En principe, les gobelets comportent une seule coursonne par branche, et celle-ci joue en quelque sorte le rôle de prolongement, bien qu'en fait on ait intérêt à n'allonger que le moins possible les bras, afin de ne pas gêner les façons culturales.

La hauteur de tronc du gobelet varie suivant les régions. Elle a une certaine importance, car elle conditionne la hauteur des grappes au-dessus du sol. Dans les plaines, là où l'on craint la gelée, la hauteur du tronc doit être de 20 à 30 cm au moins : elle atteint 1 m en Alsace !

Le nombre de bras varie suivant la vigueur locale du cépage et l'espacement des pieds. Les cépages à taille courte ont quatre à six bras (Gamay). Ceux à taille longue n'en ont que deux ou trois. Sur les vieilles souches, il est parfois inutile de refaire des bras neufs à partir d'un gourmand parti de leur base.

Les gobelets sont fréquents dans le vignoble méridional et bien souvent les sarments n'y sont pas palissés. Ailleurs, on palisse sur échalas individuel. La généralisation de la conduite sur fils de fer a entraîné la transformation du gobelet classique en un « éventail » aplati dans le sens du rang, et qui n'est en somme qu'un cordon court. Le cordon véritable, disons celui dont la longueur dépasse 50 cm, aura des coursonnes plus ou moins espacées, suivant que la taille est faite à coursons ou, au contraire, à « longs bois » ; cette taille dite à « longs bois » est bien souvent connue sous le nom de « taille Guyot ». Le principe de la taille à longs bois est très simple : il consiste à choisir sur chaque souche un ou au plus deux sarments, auxquels on laisse toute leur longueur. Ces sarments donnent un certain nombre de pousses très fertiles qui assurent la récolte. L'hiver suivant, tout cet ensemble est supprimé et un nouveau sarment est réservé pour assurer le remplacement.

Le ou les rameaux destinés à produire sont palissés horizontalement ou de toute autre manière, car la taille Guyot comporte un certain nombre de variantes régionales ou locales, que nous ne pensons pas utiles de détailler dans le cadre de cet ouvrage.

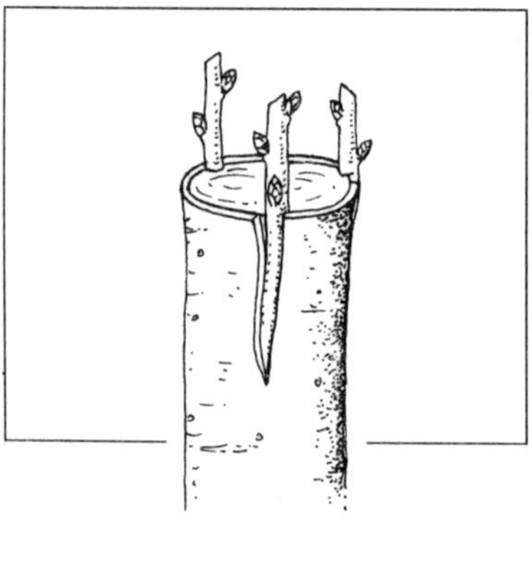

LE GREFFAGE

Nous avons hésité à inclure le greffage dans cet ouvrage consacré à la taille, mais des perfectionnistes ont longtemps équilibré leurs arbres palissés, ou réparé des accidents de végétation, en ayant recours à la greffe pour obtenir soit un nouveau prolongement à la place voulue, soit une coursonne, ou même pour régénérer un vieil arbre. Certains procédaient aussi à des greffes de boutons à fruits de Pommier ou de Poirier ; ils étaient prélevés sur un arbre où on les trouvait en surabondance pour être greffés sur un sujet vigoureux mais peu fertile et mieux en état de les nourrir. Quelques-unes de ces opérations, décidées en général lors de la taille, contribuent à la formation de l'arbre. Aussi, en raison de ces diverses imbrications entre la taille, la greffe et la formation d'un arbre, avons-nous décidé de consacrer quelques lignes au greffage.

Greffer, c'est fixer une portion de végétal, œil ou rameau, appelée « greffon », sur une plante nommée sujet ou porte-greffe qui lui servira de support et dont la sève assurera son développement. En fait, la greffe est une association de deux plantes qui vivent en commun sans perdre leur individualité propre, mais qui peuvent parfois heureusement se compléter.

Certains porte-greffes confèrent ainsi au greffon leur résistance propre à des éléments que celui-ci ne supporterait pas s'il était alimenté par ses propres racines. Tel est par exemple le cas du Rosier greffé sur Églantier, qui, par l'intermédiaire de son sujet, tolère une dose beaucoup plus élevée de calcaire dans le sol. Les conditions de réussite ou de reprise d'une greffe dépendent de très nombreux facteurs. Il faut tout d'abord savoir que seules peuvent être greffées les plantes dicotylédones, la soudure des tissus étant impossible chez les monocotylédones. Pour que l'union soit possible entre le greffon et son sujet, il faut en outre qu'existe entre ces deux éléments une affinité particulière qui ne se rencontre seulement qu'au sein d'une même famille ou d'un même genre botanique. Enfin, la soudure entre sujet et greffon ne peut se faire que par les tissus jeunes formant l'étroite zone de prolifération continuelle, appelée « cambium », et qui est la sorte de pellicule vert tendre se trouvant sous l'écorce.

Quel que soit le mode de greffage, l'essentiel sera donc de faire coïncider le plus étroitement possible les cambiums du sujet et du greffon, et c'est là que le dernier facteur de réussite à considérer est certainement l'habileté de l'opérateur.

• La greffe en écusson

Elle s'applique aux arbres fruitiers, aux Rosiers et à la plupart des végétaux. Elle peut être exécutée au printemps : on dit alors qu'elle est à « œil poussant », mais sa réussite est plus facile à « œil dormant », de juillet à fin août, le bourgeon ne se développant alors que l'anné suivante. Le sujet doit être « en sève », c'est-à-dire en état de végétation active, pour que l'écorce se soulève bien. Si ce n'est pas le cas par suite de sécheresse prolongée, il faut arroser abondamment quelques jours avant de greffer afin de remettre le sujet « en sève ».

Prélèvement de l'écusson. Il s'effectue sur la partie médiane d'un rameau bien aoûté et sur lequel on aura coupé les feuilles à 1 cm de la base du pétiole (les yeux de l'extrémité n'ont pas terminé leur croissance et les yeux de la base sont souvent mal constitués).

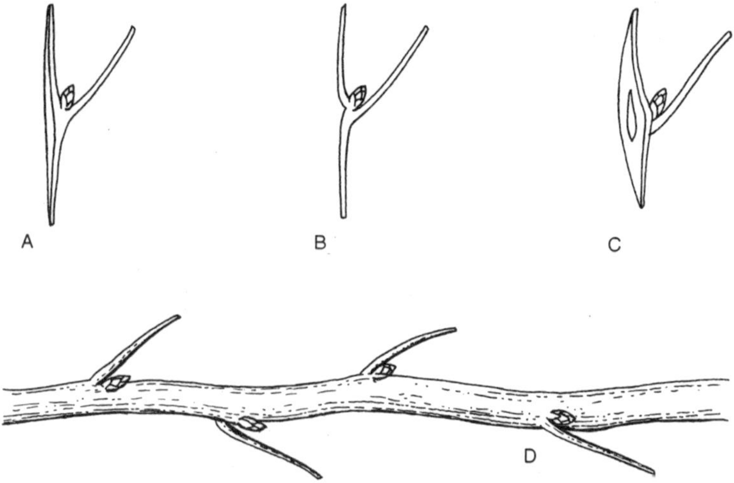

Fig. 104. Prélèvement d'un écusson.
A - Écusson bien « levé ».
B - Écusson vidé.
C - Écusson ayant trop de bois.
D - Rameau préparé pour la levée d'écussons. On remarquera qu'il reste une partie de pétiole.

Le « greffon » est prélevé au greffoir sans entamer l'aubier. La lame du greffoir glisse sous l'œil de manière à détacher un morceau d'écorce de 5 mm de large environ sur 2 cm de long. Si une esquille de bois subsiste à l'opposé de l'œil, il faut la retirer délicatement en faisant attention à ne pas « vider » l'œil.

Préparation du sujet et greffage. On pratique une incision en T à l'emplacement choisi (en A sur la figure 105), puis on soulève les lèvres de l'incision verticale avec la spatule du greffoir et on introduit le greffon (en B sur la figure 105).

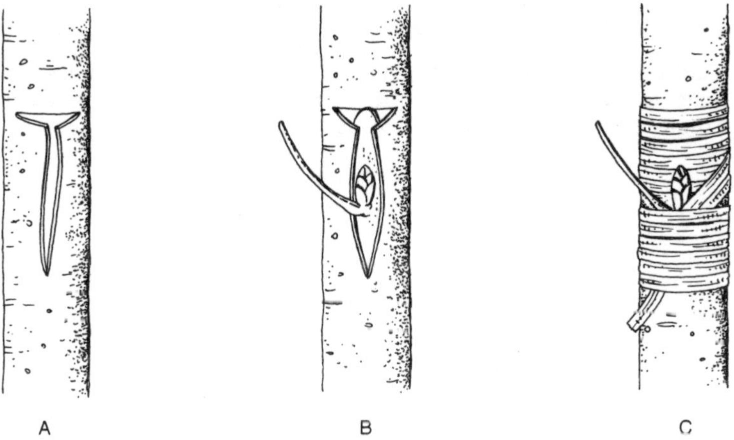

Fig. 105. Pose de l'écusson et ligature.

L'écusson étant placé, il faut le ligaturer au raphia de manière à ce que la ligature recouvre entièrement la blessure pour empêcher la pénétration de l'air et de l'humidité (en C sur la figure 105). La greffe en écusson ne se mastique pas. Elle s'applique aux arbres fruitiers et aux Rosiers.

La soudure s'opère en deux ou trois semaines, et le jaunissement du pétiole, suivi de la chute de celui-ci, indique que la greffe est prise. La greffe est ratée si le pétiole noircit et se dessèche sans tomber. La partie supérieure de la tige du sujet sera coupée à 2 ou 3 cm au-dessus de la greffe une dizaine de jours après le greffage pour les greffes à œil poussant et seulement en février-mars pour les greffes à œil dormant.

• La greffe en fente

Elle est préconisée pour des branches atteignant 5 à 6 cm de diamètre et se pratique généralement début avril. Les rameaux sur lesquels seront prélevés les greffons auront dû être coupés dès janvier (par exemple au moment de la taille), mis en botte, et partiellement enterrés au pied d'un mur au nord. Au printemps, leur végétation sera ainsi en retard sur celle du porte-greffe, ce qui est un des facteurs importants de réussite.

Les greffons ne seront préparés qu'au moment de la greffe et choisis dans la partie médiane de branches bien aoûtées. Ils devront avoir au moins trois yeux et être taillés en double biseau, ainsi que nous vous les avons représentés sur la figure 106.

Il convient ensuite d'insérer un greffon à chaque extrémité de la fente en prenant soin de faire coïncider les cambiums aussi exactement que possible (en A sur la figure 107).

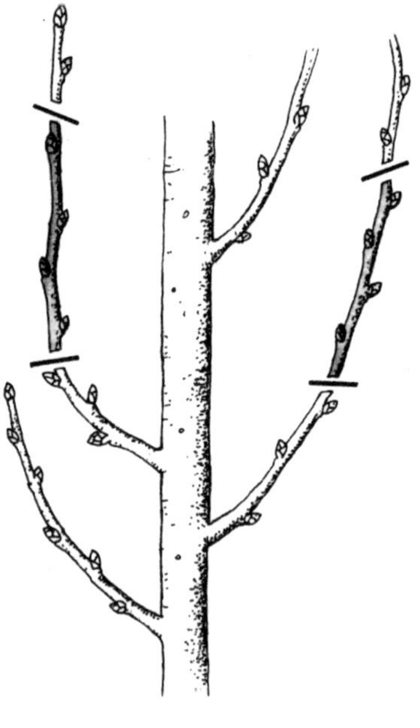

Fig. 106. Prélèvement de greffons pour greffes en fente ou en couronne. Les greffons sont prélevés dans les parties médianes de rameaux bien constitués.

Une bonne ligature au raphia maintiendra les éléments en place et un masticage soigné pour éviter la pénétration de l'eau et de l'air terminera l'opération. Il ne faut surtout pas oublier de mastiquer aussi la coupe supérieure des greffons.

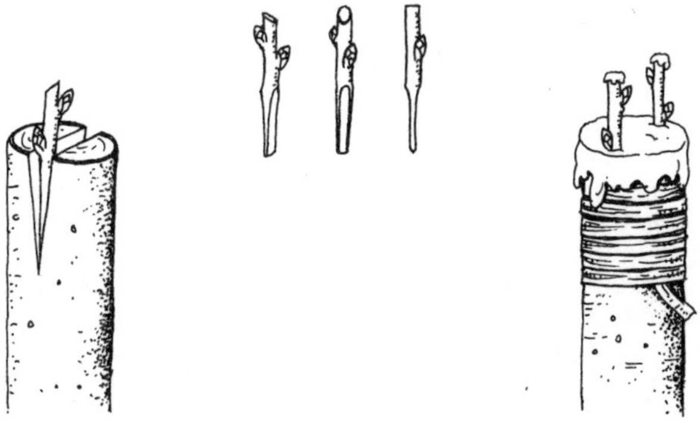

Fig. 107. Greffe en fente. Mise en place des greffons, puis ligaturage et masticage.

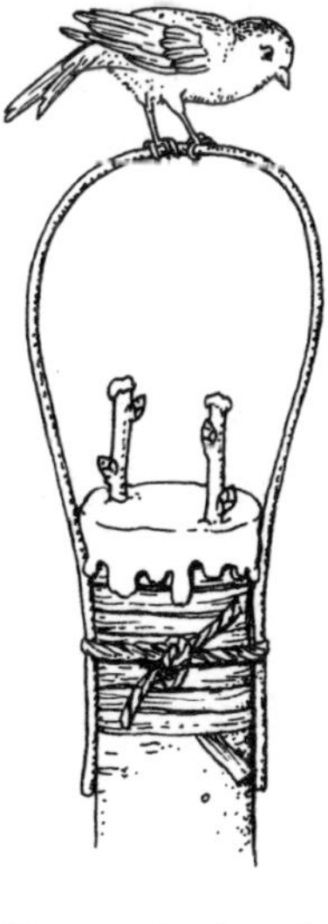

Fig. 108. Protection des greffons contre les oiseaux. Il est recommandé de placer un arceau d'osier au-dessus des greffons pour les protéger des oiseaux.

• La greffe en couronne

Elle s'applique surtout à des branches d'un diamètre supérieur à 6 ou 7 cm environ et est principalement utilisée pour Pommiers et Poiriers. Elle s'exécute en avril-mai, lorsque le sujet est en pleine sève.
Le rameau à greffer sera coupé à la scie et la plaie parée à la serpette. A l'aide du greffoir, on fend l'écorce longitudinalement à l'emplacement prévu pour les greffons. On soulève l'écorce du côté gauche seulement et, si l'arbre est bien en sève, le décollement est facile. Le sujet est prêt.
Comme pour la greffe en fente, on coupe des greffons à trois yeux et on taille leur base en biseau allongé. Sur le côté gauche en regardant la coupe, il faut ensuite enlever un très léger lambeau d'écorce afin d'obtenir une coupe qui puisse coïncider avec le côté droit de l'incision pratiquée sur le sujet pour mettre les cambiums en contact.
Il est fréquent de pratiquer un « épaulement » sur le greffon de manière à le placer plus facilement ; cet épaulement, pratiqué sur un tiers du diamètre du greffon, prendra appui sur le dessus du sujet. Une bonne ligature et une application de mastic à greffer termineront encore une fois l'opération. Comme dans le cas de la greffe en fente, le masticage des coupes de greffons est obligatoire.
La greffe en couronne ne s'applique pas seulement à de jeunes arbres. Elle se pratique également sur de très vieux sujets, notamment sur les Pommiers à cidre que l'on veut transformer en variété à couteau. On dit alors qu'il s'agit d'un **surgreffage**.

Fig. 109. Greffe en couronne.

• La greffe par approche

C'est une méthode sûre, sujet et greffon restant alimentés par leurs propres racines jusqu'à la soudure.
On enlève un lambeau d'écorce identique sur les deux rameaux à greffer de façon à ce que les entailles coïncident parfaitement lorsqu'elles sont appliquées l'une sur l'autre. Elles sont maintenues en contact jusqu'à la reprise par une ligature serrée. Le porte-greffe est généralement élevé en pot pour être facilement placé près de la plante mère qui fournit le greffon.

Fig. 110. Greffe par approche.

D'autres procédés de greffage (greffe en placage, greffe anglaise, greffe en incrustation, etc.) demandent une telle technicité que nous ne pensons pas utile de les décrire dans cet ouvrage consacré essentiellement à la taille des végétaux dans un jardin d'amateur.

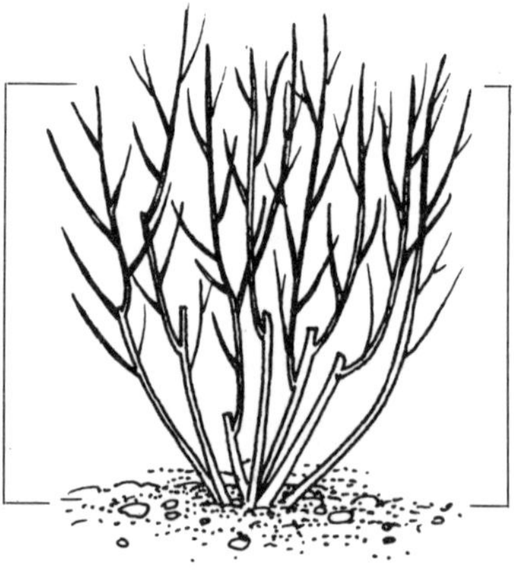

LES ARBRES ET ARBUSTES D'ORNEMENT

Requérant un peu moins de technicité que la taille des arbres fruitiers, la taille des arbres et arbustes d'ornement n'en est pas moins particulière et, en fonction du cycle de végétation des différentes espèces, l'époque de la taille est prépondérante.

Les arbustes d'ornement

La taille est nécessaire à la plupart des arbustes dans leurs premières années de plantation afin de leur donner une forme régulière. Il s'agit en fait d'une taille de formation. En outre, lorsque les arbustes sont groupés en massifs, il est indispensable de réduire le développement des plus vigoureux pour éviter le dépérissement des plus faibles.
En ce qui concerne les arbustes intéressants par leurs fleurs, ce qui est le cas du plus grand nombre, il importe que la taille ne soit pas un obstacle à la floraison. Elle doit même la favoriser, mais, pour cela, il faut en respecter l'époque pour chacune des espèces en fonction de leur cycle de végétation. Nous allons expliciter cela par des exemples :

• Le cas du Lilas

En observant une branche de Lilas pendant l'hiver, on remarque que les yeux situés à l'extrémité, généralement groupés par deux, sont relativement gros. En les ouvrant avec un canif, on y trouve déjà un rudiment de grappe florale. Les bourgeons insérés plus bas sur la tige ne contiennent que l'embryon d'une branche feuillée. Si l'on taillait cette branche en hiver, on supprimerait évidemment toutes les ébauches des productions florales. Voir figure 111, page suivante.
La taille du Lilas se pratique donc aussitôt après la floraison et elle permet en outre de supprimer les fleurs fanées qui se dessèchent. La sève encore en mouvement va alors favoriser la sortie d'yeux latents et le développement de branches vigoureuses capables de fleurir l'année suivante.

Fig. 111. Chez le Lilas, les grappes existent déjà à l'état embryonnaire dans les bourgeons terminaux. La taille sera effectuée après la floraison, ainsi que nous l'avons indiqué. Les deux yeux inférieurs produiront à leur tour des rameaux qui initieront des fleurs dans leurs bourgeons terminaux avant l'hiver.

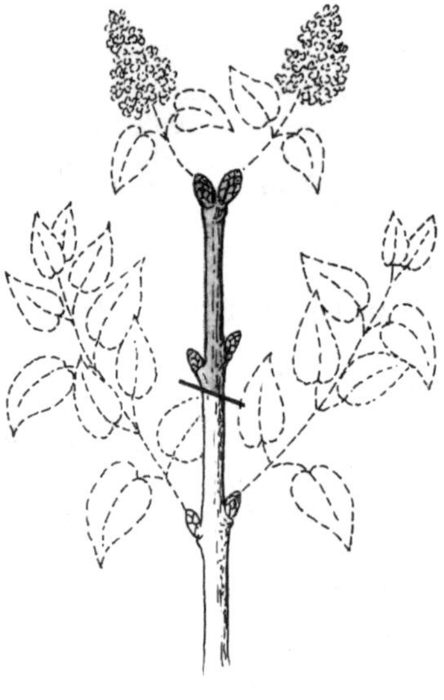

La longueur de taille est proportionnelle à la vigueur des arbustes. Elle a aussi pour but de limiter l'encombrement, d'aérer le centre de la plante et de supprimer le bois mort.
Nous avons pris le cas du Lilas pour expliquer pourquoi il y a nécessité de tailler les arbustes à floraison printanière après cette dernière.

Pour certaines espèces, ces indications n'ont pas un caractère absolu et la taille d'hiver de quelques arbustes à fleurs précoces n'entraîne pas systématiquement la suppression totale de la floraison. Un Forsythia que l'on taillera en boule ou en haie en hiver produira tout de même quelques fleurs, car celles-ci ne sont pas localisées à l'extrémité des rameaux mais réparties sur toute la longueur de ceux-ci et même sur de petites brindilles à l'intérieur de la touffe.

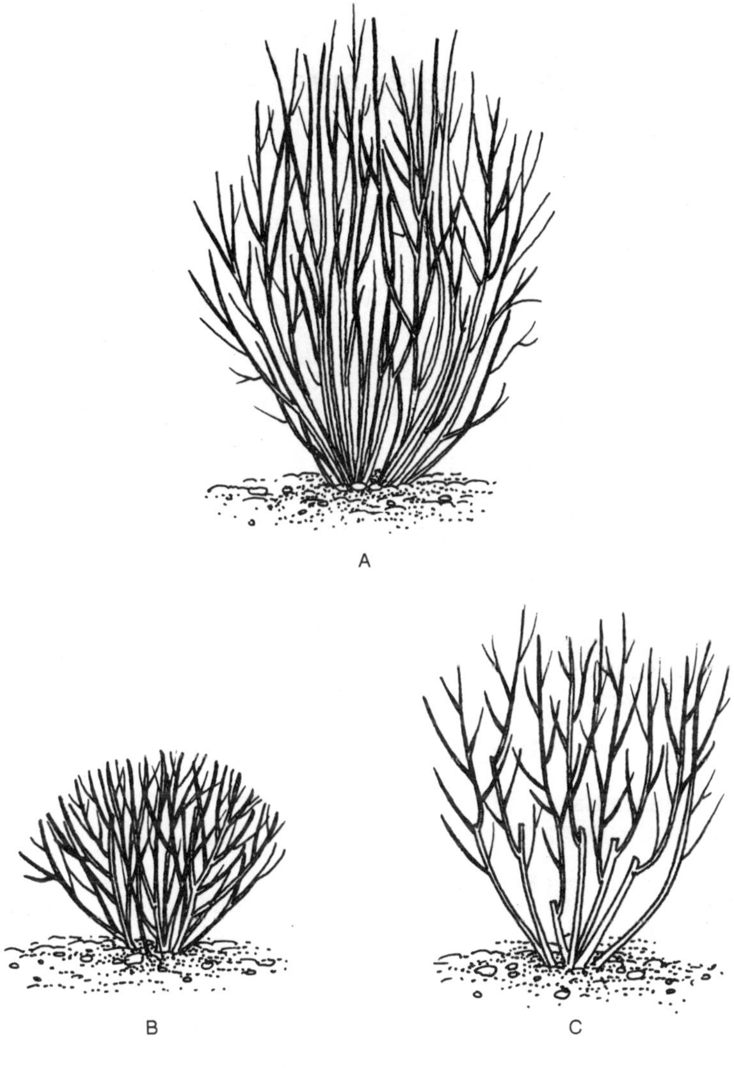

Fig. 112. Taille d'un arbuste d'ornement.
A - Arbuste avant la taille.
B - Taille de nivellement peu recommandable.
C - Taille correcte permettant l'aération de la touffe et conservant un aspect naturel à l'arbuste.

Arbustes à tailler après la floraison

A

Akebia ;
Amandier ;
Amelanchier ;
Azalée ;

B

Boule-de-neige ;

C

Camélia ;
Cerisier d'ornement ;
Chimonanthus ;
Cognassier du Japon *(Chænomeles)* ;
Cornouiller ;
Cratægus ;
Cytise ;

D

Deutzia ;
Diervilla ;

F

Forsythia ;

G

Genêt ;
Groseillier à fleurs ;

H

Hamamélis ;

J

Jasmin à fleurs nues (Jasmin d'hiver) ;

K

Kalmia ;
Kerria ;

L

Lilas ;

M

Magnolia à feuillage caduc ;
Mahonia ;

P

Pommier d'ornement ;
Prunus ;

R

Rhododendron ;
Rosa lutea ;

S

Spirée ;
Sureau *(Sambucus)* ;

W

Weigelia.

• Le Céanothe

C'est un arbuste à floraison estivale. Au printemps, cet arbuste produit de vigoureuses pousses toutes semblables. La plupart, même celles nées sur le vieux bois, se terminent par des fleurs dans le courant de l'été. Il est donc tout indiqué de tailler cet arbuste en hiver. L'absence de feuilles à cette époque rend d'ailleurs le travail plus facile. Les pousses florifères auront le temps d'évoluer, alors qu'une taille tardive de printemps conduirait à supprimer des pousses déjà boutonnées et à détériorer de jeunes rameaux fragiles.
Pour certains arbustes de cette catégorie, particulièrement vigoureux et florifères, la taille d'hiver peut être sévère. Chez le Buddleia, par exemple, on peut très bien ne conserver à l'arbuste qu'une charpente très réduite, dont les ramifications peu nombreuses se terminent en « tête de saule ». Chacune de ces têtes de saule donnera en été tout un bouquet de rameaux florifères. Les arbustes à feuillage décoratif, comme l'Érable panaché, seront également taillés en hiver.

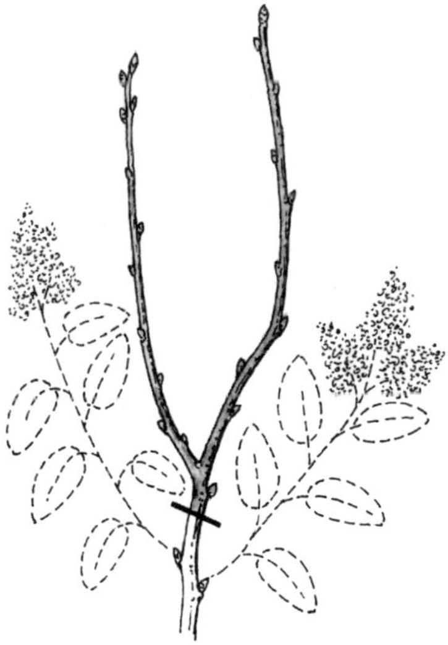

Fig. 113. Taille du Céanothe. Cet arbuste à floraison estivale ne forme ses fleurs qu'au printemps et la taille d'hiver ne nuit pas à la floraison.

Arbres et arbustes pouvant être taillés en hiver

A

Abelia ;
Althæa *(Hibiscus)* ;
Amorpha ;
Ampélopsis ;
Arbousier (ou Arbre aux fraises) ;
Arundo ;
Atriplex halimus ;
Aucuba ;

B

Baguenaudier *(Colutea)* ;
Berberis Thunbergii atropurpurea ;
Bignonia (se fixe par des vrilles) ;
Bouleau ;
Buddleia ;
Buis ;

C

Calycanthus ;
Campsis (se fixe par des crampons) ;
Carya (Noyer d'Amérique) ;
Caryopteris ;
Catalpa ;
Céanothe ;
Charme ;
Châtaignier ;
Chèvrefeuille *(Lonicera)* ;
Choisya ;
Citrus ;
Cornouiller à feuillage panaché ;

D

Desmodium ;
Diospyros (Kaki) ;

E

Elæagnus ;
Ephedra ;

F

Frêne ;
Fuchsia ;
Fusain *(Euonymus)* ;

G

Garrya ;
Gleditschia (Févier) ;

H

Hippophae ;
Houx ;

J

Jasmin officinal ;

L

Laurier-cerise ;
Laurier-sauce (ou Laurier noble) ;
Lavande ;
Liquidambar ;

M

Magnolia grandiflora ;

N

Noisetier *(Corylus)* ;

R

Rhamnus ;
Rhus ;
Romarin ;
Ruscus ;

S

Sassafras ;
Saule *(Salix)* ;
Séneçon en arbre *(Baccharis)* ;
Sophora ;
Sorbier ;
Spirée d'été ;

T

Tamaris ;
Tecoma (voisin du Bignonia, mais n'a pas de vrilles).

Les arbustes d'ornement sur tiges

Un certain nombre d'arbustes peuvent être élevés sur tiges de 1 à 2 m de hauteur. Ainsi formés, ils seront isolés sur pelouse ou placés au centre d'une corbeille. Parfois, ils sont élevés en pots ou en bacs, comme les orangers, pour le décor des balcons, terrasses, etc.
Quelques arbustes, incapables de donner eux-mêmes des rameaux susceptibles de former un tronc, peuvent être greffés sur des sujets vigoureux appropriés. C'est ainsi que le Groseillier doré, qui donne de belles tiges, peut servir de sujet pour tous les autres Groseilliers à fleurs ou à fruits.
La taille à appliquer est en principe la même que pour les arbustes formés en buissons. Elle a pour but de maintenir la symétrie et l'équilibre de la tête, tout en sauvegardant la floraison dans la mesure du possible. Comme nous l'avons vu précédemment, les arbustes à floraison printanière se taillent après la floraison, alors que la plupart des autres se taillent en hiver.

Espèces convenant particulièrement pour la constitution d'arbustes sur tiges

A

Althæa *(Hibiscus)* ;
Azalée *mollis* et *pontica* ;

C

Cotoneasters divers ;
Cytises divers ;

D

Deutzia divers ;

E

Érable panaché ;

F

Forsythia fortunei ;
Frêne ;
Fusain *(Euonymus japonica)* ;

G

Genêts divers ;
Groseillier à fleurs ;

L

Lilas ;

P

Pommier d'ornement ;
Prunus divers ;

S

Seringat ;
Spirée ;
Sureau ;

V

Viburnum tomentosum

Avant d'aborder le chapitre que nous consacrerons aux haies, nous allons faire une transition avec les arbustes supportant la tonte. Celle-ci permet de leur donner des contours bien définis, des formes quelquefois curieuses et originales. La surface doit rester régulière toute l'année en dépit de la végétation.
Le matériel fréquemment utilisé pour la tonte est la cisaille à longues lames. Son maniement n'est pas toujours aisé, mais elle permet une finition que le matériel à moteur ne garantit pas toujours.

Les arbustes formés

Pour donner une forme en cône, en pyramide, en boule, etc., à un arbuste, il faut, dès son jeune âge, le forcer à produire de nombreuses branches dirigées dans tous les sens. Celles-ci formeront l'« armature » du sujet. On arrive à ce résultat en procédant chaque année à une taille assez sévère. Elle a pour but de faire ramifier les branches, de les équilibrer, et en même temps elle permet d'ébaucher la forme que vous voulez donner à votre arbuste. On atteint progressivement le volume désiré, mais il faut savoir que l'obtention d'un gros sujet peut demander de dix à quinze années.
Ces tailles de formation se pratiquent souvent en hiver, et on les répète au besoin pendant la végétation sous forme de pincements afin de faire ramifier les pousses vigoureuses. Ce travail se fait à la cisaille. L'obtention de la symétrie et des formes compliquées est évidemment liée à l'habileté de l'opérateur. On peut aussi s'aider de gabarits spéciaux en bois, en fer à béton, etc.
Il arrive parfois que les branches se trouvent mal réparties, pour des causes diverses. Il faut alors les amener à l'emplacement voulu par les attaches disposées convenablement à l'intérieur de la touffe. Parfois aussi, afin de gagner du temps, on obtient les formes de fantaisie en palissant les branches sur une carcasse métallique spécialement préparée. Deux ou trois années de végétation et de tonte suffisent à rendre la carcasse invisible.
L'arbre une fois formé doit être entretenu par des tontes régulières. Il est avantageux de prévoir une tonte vers le milieu de la période printanière de végétation active, par exemple fin mai ou juin. On provoque ainsi le développement de ramifications nombreuses, tout en rétablissant la symétrie, au moment où la pousse rapide tend à la détruire. Par la suite, si la végétation repart de façon notable, on peut prévoir une seconde tonte dans le courant de l'automne, afin que les arbustes puissent garder une forme nette pendant tout l'hiver.

Autrefois, l'espèce la plus employée pour l'exécution de ces formes de fantaisie était le Buis. De pousse lente, à petites feuilles, il permettait l'obtention de sujets compacts aux contours bien déterminés. On a recours maintenant aux différentes espèces de Troène, au Fusain du Japon et à ses variétés, à l'If, aux Thuyas, au Houx.
Le Laurier-sauce, le Lonicera nitida conviennent également très bien, mais une forte gelée peut détruire le résultat d'un travail de formation long et minutieux.

Des motifs intéressants, mais de contours moins précis, peuvent être réalisés avec beaucoup d'autres arbustes, notamment le Laurier-cerise, le Laurier-tin, le Pyracantha, le Chêne vert, ainsi que le Lierre, conduit sur un support approprié.
On peut même exceptionnellement soumettre à la tonte des végétaux à feuillage caduc, comme le Charme ou l'Orme.
Le Magnolia à grandes fleurs peut lui aussi être maintenu en formes taillées de grandes dimensions dans les régions où le climat lui permet de bien végéter.

Fig. 114. Nous avons dit que la taille était un art. Dans certains cas elle s'apparente à la sculpture.
Une forme que l'on trouve encore dans les fameux jardins à la française.

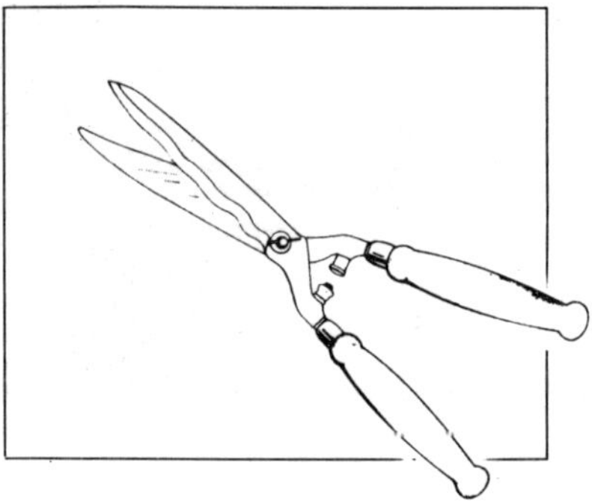

LES HAIES

Les haies jouent au jardin un rôle à la fois utilitaire et décoratif. Elles constituent des clôtures efficaces et économiques, qui peuvent même être très défensives lorsqu'elles se composent d'arbustes épineux.
Du point de vue ornemental, la haie participe au dessin du jardin en affirmant celui-ci dans le plan vertical et en lui donnant ainsi une valeur architecturale. Dans ce cas, elle est en général strictement taillée pour obtenir des parois de verdure ou des volumes nettement définis, comme dans le style classique du jardin « à la française ».

Mais la haie peut être aussi un simple alignement d'arbustes dont la végétation est seulement régularisée de temps à autre pour empêcher son désordre. C'est alors une « haie libre » qui convient particulièrement au jardin de caractère naturel. Cette haie n'est plus alors, ou rarement, constituée d'une même essence, mais plutôt de plusieurs espèces ou variétés, à fleurs, à feuillage ou à fruits décoratifs.
Nous distinguerons la taille de formation, la taille d'entretien et la taille de rajeunissement. Elles se pratiquent le plus souvent à la cisaille à main ou au taille-haies à moteur. Cependant, afin de ne pas endommager les larges feuilles de certaines espèces (tel le Laurier-cerise), il est quelquefois préférable d'utiliser le sécateur.

LA TAILLE DE FORMATION

Elle est primordiale, car elle a pour but de former la haie depuis sa plantation jusqu'à ce qu'elle atteigne sa hauteur et son volume définitifs. Dans tous les cas, il est essentiel de ne pas aller trop vite afin d'obtenir une haie épaisse, touffue et bien garnie à l'intérieur. Souvent négligées lorsqu'il s'agit d'une haie, la préparation du sol et la fertilisation avant plantation sont importantes pour accélérer la croissance des arbustes.

Haies de Conifères

En principe, on ne taille pas l'année de la plantation, mais, dès l'année suivante, il convient de tailler début avril aussi bien en hauteur que sur les côtés pour provoquer l'épaississement de la haie dès la base. On coupe alors environ un quart de la longueur des rameaux.
Lorsque les branches de sujets voisins se rejoignent, la taille ne se fait plus qu'en hauteur et sur les deux faces de la haie. Pour ne pas en augmenter trop rapidement la largeur, il ne faut pas élargir à chaque fois de plus de 10 cm.
Il est à noter que le Cyprès de Lawson et le Cyprès de Provence n'affectionnent guère la taille et qu'il faut procéder avec modération lorsqu'on veut les égaliser. En revanche, le Cyprès de Leyland, qui a l'avantage de pousser très vite, demande à être taillé au moins trois fois par an.

Haies d'arbustes à feuillage persistant

Elles se conduisent comme les haies de Conifères, mais, si elles ne sont pas assez ramifiées à la base, il ne faut pas hésiter, en mars de la seconde année de plantation, à tailler assez court. Ensuite, on supprimera environ un tiers de la pousse de l'année précédente.
Il faudra veiller à ne pas laisser les Lauriers-cerises prendre trop vite de la largeur et ne pas craindre de tailler sévèrement les Troènes qui poussent très rapidement.

Haies d'arbustes à feuillage caduc

Elles sont taillées très court à la plantation (de 25 à 30 cm), ce qui facilite la reprise des arbustes et favorise les premières ramifications. Par la suite, en mars, il conviendra de supprimer le tiers ou la moitié des pousses de l'année précédente.

LA TAILLE D'ENTRETIEN

Dès que votre haie est arrivée à l'âge adulte, il convient de la maintenir aux dimensions que vous vous êtes fixées en lui assurant toujours une présentation impeccable.
Pour les maintenir nettes et soignées, il faut les tailler juste après chaque période de végétation, c'est-à-dire fin juin-début juillet et en septembre-octobre.

Tous les trois ou quatre ans, il est souvent nécessaire de « rabattre » le sommet de 10 à 15 cm afin de supprimer les « têtes de saule » qui se forment inévitablement à la suite des tailles successives. Il est quelquefois nécessaire d'utiliser le sécateur de force (ou sécateur à deux mains) pour effectuer ce travail.

Les haies libres

Formées d'une façon plus souple que les haies taillées, elles sont souvent constituées d'arbustes à fleurs, à feuillage coloré ou à fructification décorative. Une judicieuse association de différentes espèces permet d'ailleurs d'obtenir un effet décoratif tout au long de l'année.
Les haies libres ne se taillent pas à la cisaille, mais au sécateur. Ainsi que nous l'avons vu précédemment, les arbustes à floraison printanière se taillent après la floraison et ceux à floraison estivale en février-mars.
Les espèces à fructification décorative sont égalisées au sécateur après la floraison en conservant au maximum les rameaux ayant fleuri et portant les fruits en formation.

LA TAILLE DE RAJEUNISSEMENT

Lorsque les haies taillées ou libres vieillissent, ou bien si, par suite d'un hiver exceptionnel, certains rameaux sont détruits, il faut procéder à une taille de rajeunissement. Celle-ci consiste à « rabattre » la haie à 30 ou 50 cm au-dessus du sol afin de provoquer le départ de nouvelles pousses vigoureuses et abondantes.
Les grosses branches seront coupées à la scie et les plaies, parées à la serpette, devront être enduites de mastic à cicatriser. Un apport d'engrais pour arbres et arbustes facilitera beaucoup la reconstitution rapide de la haie.

Les rideaux

On désigne ainsi des haies relativement hautes et destinées soit à clôturer une propriété, soit à masquer une construction, soit à produire un effet de perspective, soit enfin à protéger des cultures délicates contre le vent.
Les arbres constituant ces rideaux de verdure ou ces brise-vents ne seront pas soumis à des tailles méthodiques, mais plutôt à des élagages légers, destinés à régulariser leur végétation.

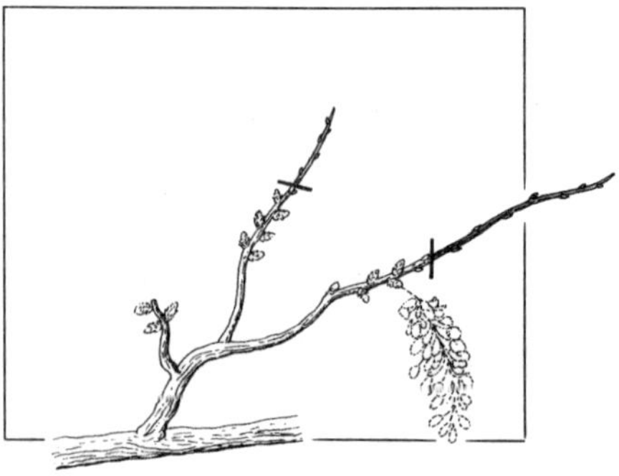

ph. 15

ph. 16

ph. 17

LES PLANTES GRIMPANTES

Il existe un grand nombre de végétaux ligneux susceptibles de produire des tiges grêles et allongées, capables de couvrir des espaces importants en utilisant un support quelconque : on les désigne sous le nom de plantes grimpantes.
A vrai dire, certains de ces végétaux ne sont pas grimpants par eux-mêmes ; ils sont simplement sarmenteux et il faut les palisser pour les fixer à leur support. C'est le cas du Jasmin ou des Rosiers grimpants. D'autres plantes peuvent se fixer soit par des racines adventives (Lierre), soit par des crampons (certaines Vignes vierges), soit par des vrilles (Passiflore), soit même grâce aux pétioles des feuilles (Clématite). Enfin, certaines plantes dites « volubiles » peuvent se fixer en enroulant leurs tiges autour du support, comme les Chèvrefeuilles.
Le mode de végétation des plantes grimpantes étant très variable, nous allons prendre quelques espèces en exemples en indiquant pour chacune d'elles leur mode de taille et nous citerons éventuellement le nom des autres plantes pouvant être traitées de la même façon.

La Glycine

La Glycine produit deux sortes de ramifications : les unes, longues et flexibles, assurent l'extension de la plante ; les autres, assez courtes, constituent de véritables coursonnes sur lesquelles se forment les grappes de fleurs, du moins celles de la première floraison, au printemps. Une seconde floraison, moins abondante, se produit en général en été, à l'extrémité de pousses relativement plus allongées.
Deux espèces sont cultivées et il est facile de les distinguer par leur sens d'enroulement sur la tige.

• La Glycine de Chine

(Wistaria sinensis) : elle s'enroule **toujours** de gauche à droite et ses jeunes pousses sont de couleur bronze. La taille s'effectue

après la floraison de printemps et consiste surtout en un éclaircissage pour supprimer les branches encombrantes.

• La Glycine du Japon

(Wistaria floribunda) : elle s'enroule de droite à gauche. Sa taille se pratique en fin d'hiver, lorsque les ébauches des grappes sont bien visibles. Elle consiste d'abord à supprimer toutes les pousses très allongées, à moins que l'on ne désire augmenter la charpente. On procède ensuite à la taille des coursonnes, ce qui consiste à raccourcir sur trois ou quatre yeux toutes les pousses de longueur notable, et au besoin à pratiquer quelques rajeunissements partiels.

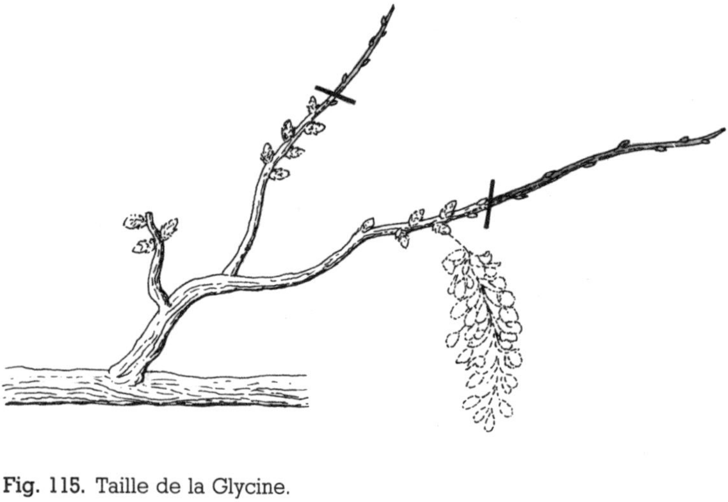

Fig. 115. Taille de la Glycine.

Le Bignonia et le Tecoma

La taille à effectuer sur les Bignonias et Tecomas est comparable à celle de la Glycine : il s'agit d'établir une charpente définitive, laquelle porte un certain nombre de coursonnes émettant chaque année des rameaux florifères, que l'on supprime l'hiver suivant, tout près de leur base.

Le Chèvrefeuille

Le Chèvrefeuille *(Lonicera)* est le type de toute une catégorie de plantes grimpantes se ramifiant beaucoup, ne donnant pas de charpente bien définie, mais intéressantes par l'aspect à la fois léger et volumineux de leurs frondaisons.
Ces plantes ne réclament pas de taille proprement dite, mais plutôt un « nettoyage » pour éviter l'accumulation des brindilles mortes et la prolifération anarchique de branches secondaires. En même temps, on limitera l'accroissement des branches vigoureuses pour maintenir l'arbuste dans des limites raisonnables.
Le **Jasmin officinal**, le **Jasmin à fleurs nues** *(Jasminum nudiflorum)* et la **Passiflore cœrulea** sont à traiter de la même façon.

Les Clématites

Au point de vue mode de végétation, le genre *Clematis* est assez disparate et mérite une étude séparée.
Parmi les Clématites à grandes fleurs, un certain nombre d'espèces fleurissent sur le bois de l'année précédente : c'est le cas pour *Clematis spooneri*, *Clematis lanuginosa*, *Clematis patens*, *Clematis florida*. Afin d'obtenir de ces plantes tout l'effet que l'on est en droit d'en attendre, il ne faut les tailler qu'après la floraison. La taille consiste alors à supprimer les rameaux mal placés ou mal répartis, ainsi que les plus vieilles branches. Cependant, il faut savoir que pour certaines espèces remontantes, comme *Clematis lanuginosa*, la taille doit être réduite au minimum pour sauvegarder la seconde floraison.
Parmi les Clématites à petites fleurs, quelques espèces fleurissent, comme les précédentes, sur le vieux bois et se taillent par conséquent de la même façon : c'est le cas de *Clematis montana*, *Clematis montana rubens* et *Clematis armandii*.
En revanche, on taillera sévèrement en fin d'hiver les Clématites qui fleurissent en été sur les pousses de l'année : *Clematis jackmannii*, à grandes fleurs ; *Clematis flammula* et *Clematis viticella*, à petites fleurs.

Le Lierre

Lorsqu'un mur ou un support est garni de Lierre, il est préférable de ne pas le tailler afin de lui conserver toute la densité de son feuillage. On peut cependant être appelé à limiter le développement de la plante, par exemple pour l'empêcher d'envahir un arbre ou pour conserver aux objets qu'elle recouvre un contour précis. Dans ce dernier cas, on opère le plus souvent à la cisaille. Les plantes grimpantes à crampons, telles que le Lierre et certaines Vignes vierges, adhèrent parfois aux murs avec une solidité extraordinaire. Il arrive qu'elles parviennent à faire décoller un revêtement en mauvais état.

Le Forsythia

Le Forsythia nous fournit l'exemple d'un arbuste non grimpant, mais pouvant éventuellement être palissé le long d'un mur en raison de la souplesse de ses rameaux. La taille consiste alors à supprimer les branches faisant double emploi ou dépassant les limites prévues.
Nous avons déjà vu que le Forsythia fleurit très tôt sur le bois de l'année précédente. Il faut donc ne le tailler qu'après la floraison.

Arbustes pouvant être palissés

Parmi les autres arbustes non véritablement sarmenteux et pouvant être palissés avec avantage, nous citerons :

• Parmi les arbustes à feuillage caduc

le Céanothe,
le Cognassier du Japon* *(Cydonia japonica)*,
le Corête du Japon *(Kerria japonica)*,
le Desmodium penduliflorum,
le Grenadier *(Punica granatum)*,
le Jasmin fruticans.

• Parmi les arbustes à feuillage persistant

l'Abelia grandiflora,
le Camélia*,
le Chèvrefeuille nitida *(Chamaecerasus nitida)*,
le Fusain du Japon *(Euonymus japonica)*,
le Fusain du Japon à feuillage panaché *(Euonymus fortunei* ou *radicans)*,
le Laurier-cerise *(Prunus laurocerasus)*,

le Laurier du Portugal *(Prunus lusitanica)*,
le Laurier-tin* *(Viburnum tinus)*,
le Mahonia,
les divers Pyracanthas (Buissons ardents),
le Troène *(Ligustrum)*.

Ces arbustes se taillent en fin d'hiver, sauf ceux marqués d'un astérisque (*) qui gagnent à être taillés après leur floraison. Les Pyracanthas subiront des pincements répétés en été.

Une catégorie particulière de plantes grimpantes ornementales est constituée par des plantes vivaces par leur souche mais dont la partie aérienne herbacée, annuelle, se dessèche chaque automne. La taille consiste à supprimer chaque hiver, au ras du sol, toute la partie aérienne. Parmi les plantes les plus connues citons :
le Boussaingaultia baselloides,
la Glycine tubéreuse *(Apios tuberosa)*,
le Pois vivace *(Lathyrus latifolius)*.

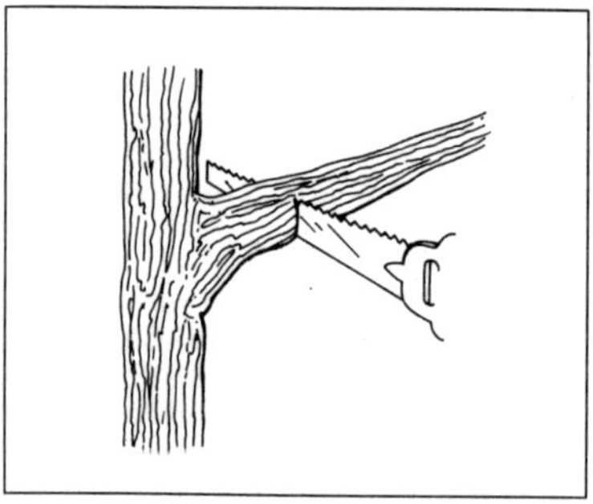

L'ÉLAGAGE

Après cette étude sur les arbres fruitiers et d'ornement, nous ne saurions être complets sans aborder le problème de l'élagage, car les occasions de couper de grosses branches ou de soigner des plaies ne manquent pas à ceux qui possèdent un parc ou un verger. Ici, c'est un vieux Pommier dont les branches se sont multipliées au point de constituer un fouillis inextricable, beaucoup plus garni de lichens que de pommes... Là, c'est un Platane ou un Érable dont le développement rapide bouche la vue et obscurcit la maison. Ailleurs, ce sera un Marronnier poussant indiscrètement ses branches et ses racines sur le potager voisin...

Le premier conseil à donner en pareil cas, c'est de couper le moins possible : les branches sont plus vite supprimées que remplacées... Chez les arbres fruitiers, il peut en résulter un « refoulement de sève » qui cause la coulure des fleurs. L'élagage se pratique en hiver, afin d'éviter les écoulements de sève souvent gênants pour le bon entretien des plaies. De plus, en l'absence de feuilles, il est plus facile d'apprécier les suppressions à faire.

L'éclaircissage

Dans certains cas, ce travail a pour but la suppression des branches basses qui, par suite de leur poids, s'inclinent vers le sol d'année en année et bouchent la perspective d'une allée.

On peut élaguer pour la raison inverse, c'est-à-dire pour empêcher un arbre de s'élever trop haut. Il importe alors d'exécuter le travail de telle sorte que l'arbre conserve une forme symétrique.

L'élagage peut encore avoir pour objet la suppression de branches mortes, ou cassées accidentellement, ou portant des parasites difficiles à détruire.

En ce qui concerne les arbres fruitiers, l'élagage a souvent pour but de donner plus d'air à celles des branches que l'on conserve sans les raccourcir : c'est un éclaircissage. Il faut s'efforcer de choisir les branches à supprimer de telle manière que l'arbre garde une forme régulière. Dans la mesure du possible, on s'efforcera de n'avoir que des plaies de faible diamètre, donc de guérison facile. Autrement dit, il faudra toujours mieux supprimer plusieurs branches petites ou moyennes qu'une grosse. L'éclaircissage des branches, particulièrement recommandable pour les Pommiers, donne aux arbres un port dégagé, un peu pleureur, qui facilite la formation et la coloration des fruits.

Le ravalement

Lorsque des arbres ont été particulièrement négligés ou que de grosses branches parasitées dépérissent, il faut procéder à ce que l'on appelle le « ravalement ». Il consiste à couper toutes les branches à une faible distance du tronc. Si les racines sont en bon état, quelques années suffisent pour que des rameaux capables de produire se reforment. Le ravalement est particulièrement indiqué pour la restauration de vieux Pommiers et Poiriers, alors que les Cerisiers le supportent nettement moins bien. Dans la pratique, deux points sont importants : le risque d'infection des plaies et l'éclatement du bois par des coupes mal réalisées.

Lorsqu'il s'agit de grosses branches, il ne faut jamais attaquer la coupe par le dessus, afin d'éviter l'éclatement et la déchirure du bois (en A sur la figure 116). L'opération se déroule en trois temps :

En B sur la figure 116, faire un trait de scie assez marqué sous la branche à quelques centimètres de l'emplacement de la coupe définitive.

En C sur la figure 116, achever le sectionnement en sciant la branche sur le dessus un peu en deçà du premier trait de scie. Le porte-à-faux de la branche entraînera la rupture avant la coupe complète, mais il n'y aura pas déchirement du bois.

En D sur la figure 116, il ne reste plus ensuite qu'à couper le moignon. Le poids de ce bout de branche est insuffisant pour provoquer un éclatement de l'écorce. Le travail sera terminé à la serpette afin d'avoir une coupe bien nette et assez rapprochée du tronc. La plaie sera ensuite recouverte d'un mastic spécial qui empêchera toute infection ultérieure. Sur le pourtour de la plaie, on constate dès la première année l'apparition d'un « bourrelet » cicatriciel. Après un certain nombre d'années, ce bourrelet recouvre toute la surface de la plaie qui peut alors être considérée comme guérie. On comprend tout l'intérêt qu'il y a à accélérer cette fermeture totale en faisant des plaies aussi réduites que possible.

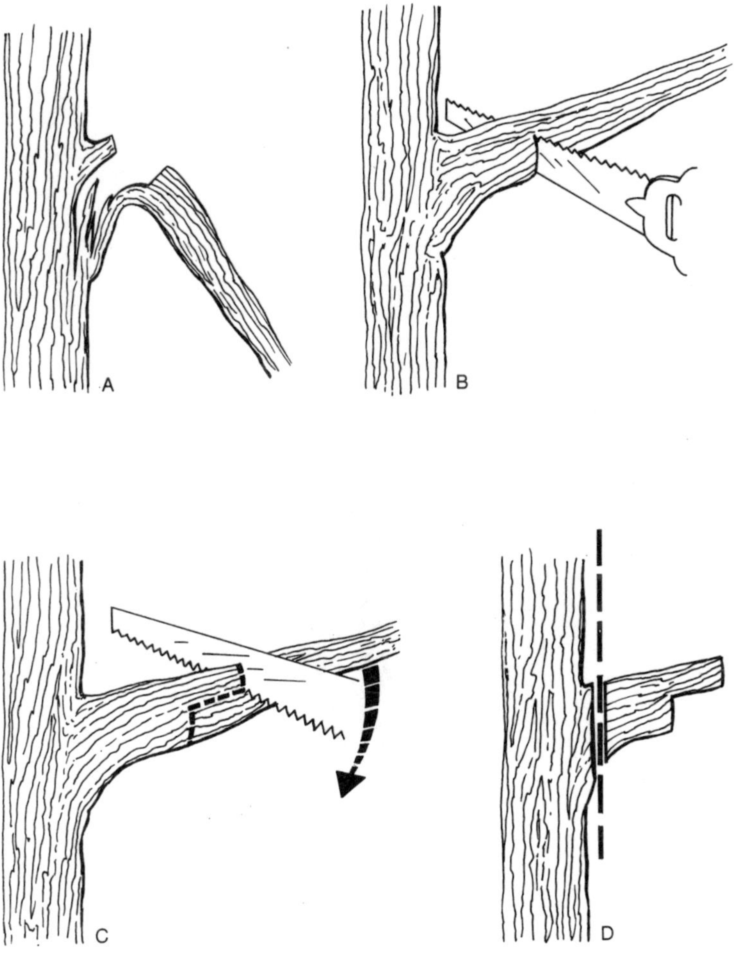

Fig. 116. Réalisation d'une coupe importante.

LES ROSIERS

Cultivés dans les jardins depuis la plus haute antiquité, les Rosiers ont acquis une telle prépondérance par le nombre de leurs variétés, la beauté de leurs fleurs et la diversité des rôles qu'ils peuvent jouer en matière de décoration florale qu'il nous a paru opportun de ne pas les classer avec les arbustes et de leur consacrer un chapitre spécial.
La taille des Rosiers, comme celle des arbres fruitiers, est essentiellement fondée sur la connaissance de leur mode de végétation, et nous allons tout d'abord donner quelques indications sommaires sur l'origine et la classification des principaux Rosiers cultivés.

LES DIFFÉRENTES RACES DE ROSIERS

Les Rosiers cultivés ont pour origine un certain nombre d'espèces sauvages (espèces botaniques), les unes connues de temps immémorial, les autres assez récemment importées chez nous. La plupart de nos variétés cultivées sont en fait des hybrides ayant comme ancêtres plus ou moins éloignés les espèces sauvages. Bien entendu, deux hybrides peuvent de nouveau être croisés entre eux, et ainsi de suite, de telle sorte que, bien souvent, il est difficile de reconnaître dans la descendance les caractères des géniteurs.
Le Rosier le plus anciennement connu chez nous est le Rosier de Provins *(Rosa gallica)* et ses diverses formes : Rosier cent-feuilles, Rosier mousse, Pompon de saint François. Ces Rosiers nains assez peu florifères, très rustiques, ne sont plus guère cultivés.
Au contraire du précédent, le Rosier à odeur de thé *(Rosa indica)*, introduit en Europe en 1809, possède une végétation rapide et fleurit tout l'été en abondance. Les pédoncules des roses-thé, souvent faibles, laissent harmonieusement pencher leurs fleurs généralement dans les tons jaunes.
De nombreux croisements ont été effectués entre le Rosier-thé et le Rosier de Provins. Ils ont permis d'allier la rusticité du premier et la floribondité du second.

D'autres hybrides d'origine plus ou moins certaine ont été classés à part, sous le nom d'« hybrides remontants », par exemple Reine des neiges, Paul Neyron.

Nous devons signaler ici une caractéristique importante du point de vue de la taille. Un certain nombre de Rosiers issus des précédents possèdent une vigueur telle qu'ils peuvent être cultivés comme grimpants ou semi-grimpants. On les dit : **sarmenteux**. Par exemple, Gloire de Dijon et Maréchal Niel sont des Rosiers-thé sarmenteux.

Certains de ces Rosiers sarmenteux ne sont pas issus d'un semis spécial, mais résultent de la multiplication, par la greffe, d'une pousse exceptionnellement vigoureuse, apparue accidentellement sur une variété naine. On les nomme en faisant précéder leur nom d'origine du mot anglais *Climbing*, qui signifie « grimpant ».

Un autre Rosier indigène, le Rosier capucine *(Rosa lutea)*, buisson vigoureux à fleurs jaunes, a donné des hybrides bien connus sous le nom de Pernetianas, du nom de leur premier obtenteur, M. Pernet, de Lyon.

Certains des Rosiers précédents, sans être grimpants, possèdent cependant une vigueur suffisante pour former de véritables buissons ; ils ont été dénommés Rosiers arbustifs. Ce caractère buissonnant devient très net chez un Rosier assez différent des précédents, le Rosier du Bengale, extrêmement florifère et à végétation continue du premier printemps à l'hiver. Quelques « Bengales » peuvent être considérés comme sarmenteux.

Le caractère buissonnant se retrouve à un degré beaucoup plus élevé encore chez les Rosiers rugueux *(Rosa rugosa)*, qui peuvent atteindre 2 m de hauteur (exemples : Blanc double de Coubert, Rose à parfum de L'Hay).

En 1814, les frères Noisette importèrent d'Amérique les hybrides qui portent leur nom, ayant pour base le Rosier musqué *(Rosa moschata)* et les Rosiers-thé.

La plupart des variétés cultivées sont nettement grimpantes, donnant des fleurs en bouquets et remontantes. Au point de vue de la taille, il ne faut pas les confondre avec les grimpants non remontants, qui donnent également des fleurs en bouquets. Parmi ces grimpants non remontants, un certain nombre sont des hybrides du Rosier multiflore *(Rosa multiflora)* importé de Chine. Ces Rosiers hybrides de multiflores sont bien connus pour leur vigoureuse végétation et leur abondante floraison (exemple : American Pillar).

Une autre espèce grimpante originaire de Chine, *Rosa wichuraiana*, a donné les plus connus de ces Rosiers grimpants à grand effet, mais non remontants, tels que : Excelsa, Dorothy Perkins, Alberic Barbier, etc.

Tous ces Rosiers, greffés sur haute tige d'Églantier, permettent de constituer des Rosiers pleureurs d'un très bel effet.
Une autre catégorie de Rosiers bien différente des précédents est celle des Polyanthas, probablement hybrides entre le Rosier multiflore et le Rosier-thé. Ils sont généralement nains, à petites fleurs réunies en bouquets. Ils ont hérité du Rosier-thé la propriété de fleurir d'une façon continue pendant tout l'été, et c'est ce qui en fait leur principal intérêt.

Nous ne pouvons développer davantage ici la classification extrêmement complexe des Rosiers et, pour la taille, nous distinguerons les catégories suivantes :
Rosiers nains à grandes fleurs, plus ou moins remontants ;
Rosiers nains polyanthas ;
Rosiers à grandes fleurs sur tige ;
Rosiers arbustifs ;
Rosiers grimpants remontants ;
Rosiers grimpants non remontants ;
Rosiers parapluie ;
Rosiers pleureurs ;
Rosiers pour pots et jardinières.

Les Rosiers nains à grandes fleurs

Les Rosiers nains à grandes fleurs appartiennent surtout aux races des hybrides de Rosiers-thé, des hybrides remontants et des Pernetianas.
Dans les conditions habituelles de culture, ces Rosiers donnent tout d'abord au printemps un certain nombre de pousses vigoureuses, apparaissant sur le bois de l'année précédente et éventuellement sur vieux bois. Presque toutes ces pousses se terminent en mai-juin par une rose, ou même, pour certaines variétés, par un groupe de trois ou quatre roses à floraison échelonnée. Les pousses apparues sur vieux bois fleurissent en général plus tardivement que celles qui se forment sur le bois de l'année précédente. Certaines d'entre elles présentent l'avantage d'être vigoureuses et de permettre le rajeunissement de la charpente. Il convient de signaler que certains Rosiers, les hybrides de Rosiers-thé notamment, poussent de bonne heure au printemps, et craignent sous notre climat les gelées tardives. Afin d'éviter cet accident, on procède à la taille assez tard, par exemple fin mars ou même début avril. Avant la taille, les yeux situés au sommet des rameaux peuvent commencer à végéter et être détruits par la gelée. Au moment de la taille, les yeux inférieurs,

sur lesquels on rabat les tiges, n'ont pas encore débourré et sont intacts. Ces yeux se seraient mis à végéter beaucoup plus tôt si on avait taillé en janvier par exemple.
Après une floraison plus ou moins abondante au début de l'été, beaucoup de Rosiers à grandes fleurs marquent une période d'arrêt dans la végétation, ce qui est dû en partie à leur nature, mais souvent aussi au manque d'arrosages. En fin d'été, les Rosiers donnent de nouvelles ramifications qui peuvent à leur tour se terminer par des fleurs. Ceux qui sont bien remontants fleurissent jusqu'aux fortes gelées de novembre. Nous verrons le parti qu'il faut en tirer lors de la taille.

• La taille de formation

Quel que soit le mode de multiplication du Rosier — bouture, greffe sur fragment de racine, écussonnage sur collet d'Églantier —, nous nous trouvons tout d'abord en présence d'un végétal minuscule, pourvu d'une ou de deux pousses apparues soit au printemps (greffe à œil dormant), soit en été (greffe à œil poussant).
Il faut bien se garder de laisser les jeunes pousses s'allonger, même s'il y a promesse de floraison : ce serait compromettre la formation de l'arbuste. Il faut au contraire procéder à des pincements qui auront pour effet de faire ramifier le Rosier, en lui donnant l'aspect d'un petit buisson, pourvu de trois à six branches vigoureuses. Le Rosier sera alors bon à mettre en place, pendant l'hiver.
Dans les plates-bandes, les Rosiers nains sont généralement plantés en quinconce, à une distance de 30 à 40 cm en tous sens.

• La taille d'entretien

La taille à exécuter chaque année en mars-avril consiste tout d'abord à conserver au Rosier, selon sa force, quatre, six et même jusqu'à dix rameaux de l'année précédente. Les rameaux conservés doivent être sains, de vigueur moyenne ou assez grande, et être aussi rapprochés que possible du pied.
Selon le principe d'équilibre, il est avantageux que les rameaux conservés soient à peu près d'égal diamètre, donc d'égale force. On évitera ainsi un départ de végétation dissymétrique qui aurait pour effet de détruire l'aspect régulier de la plantation. En choisissant des rameaux assez rapprochés du pied, il devient possible de supprimer un maximum de vieux bois, ce qui est favorable à la bonne conservation de l'arbuste. Il arrive parfois que tous les rameaux jeunes soient éloignés de la souche ; force est alors de les prendre comme ils sont. D'autres fois, les ra-

meaux apparaissent jusque sur le collet ou même semblent sortir de terre comme des drageons ; ces rameaux permettent de faire un bon rajeunissement de l'ensemble.
Il faut bien se garder de confondre les rameaux partant du pied avec les rejets d'Églantier, souvent appelés « gourmands », et qui doivent être supprimés sans pitié, dès que l'on remarque leur présence. Ces rejets d'Églantier sont généralement faciles à reconnaître, l'aspect de la tige et des feuilles étant notablement différent de celui de la variété greffée. Les feuilles des gourmands ont sept, neuf, voire onze folioles petites et vert clair.

Fig. 117.
A - Feuille de « gourmand ».
B - Feuille de Rosier greffé.

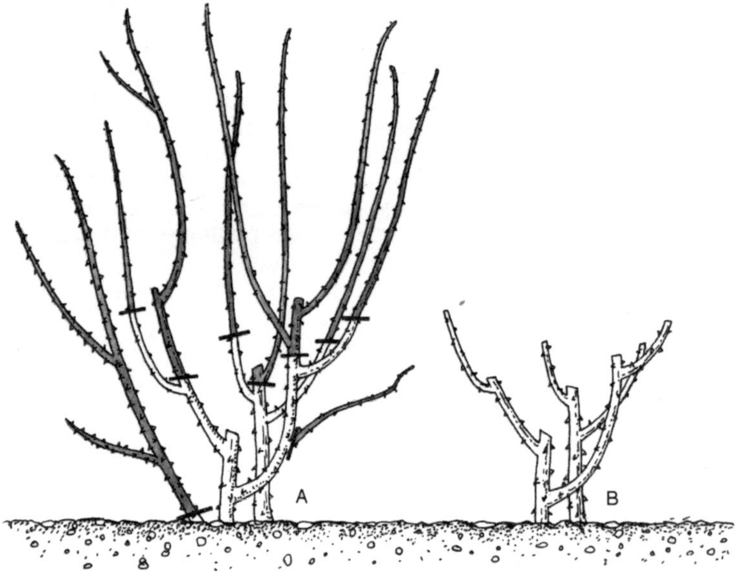

Fig. 118. Taille d'un Rosier nain.
A - Avant la taille.
B - Après la taille. On remarquera que le « gourmand » (à gauche du dessin A) a été supprimé à la base.

Le second temps de la taille consiste à raccourcir les rameaux conservés, en leur laissant de 5 à 10 cm de longueur. En principe, il faut tailler long les Rosiers vigoureux, d'abord parce qu'ils peuvent nourrir un plus grand nombre de pousses, ensuite parce que les yeux sont plus espacés le long de la tige. La taille a lieu de préférence sur un œil extérieur, afin de diriger la pousse la plus élevée vers le dehors de la touffe.

La taille exécutée de la manière qui vient d'être indiquée, c'est-à-dire en taillant les Rosiers d'autant plus long qu'ils sont plus vigoureux, présente l'avantage d'assurer la floraison régulière de tous les Rosiers. En revanche, elle ne permet pas, dans une plate-bande, d'égaliser le développement des Rosiers qui s'y trouvent réunis : il faudrait pour cela tailler les forts plus sévèrement que les faibles, ce qui limiterait leur floraison.

Comme la vigueur est surtout une question de variété, on fera bien de ne planter côte à côte que des variétés de vigueur analogue. Les catalogues donnent en général des indications à ce sujet.

ph. 18

ph. 19

ph. 20

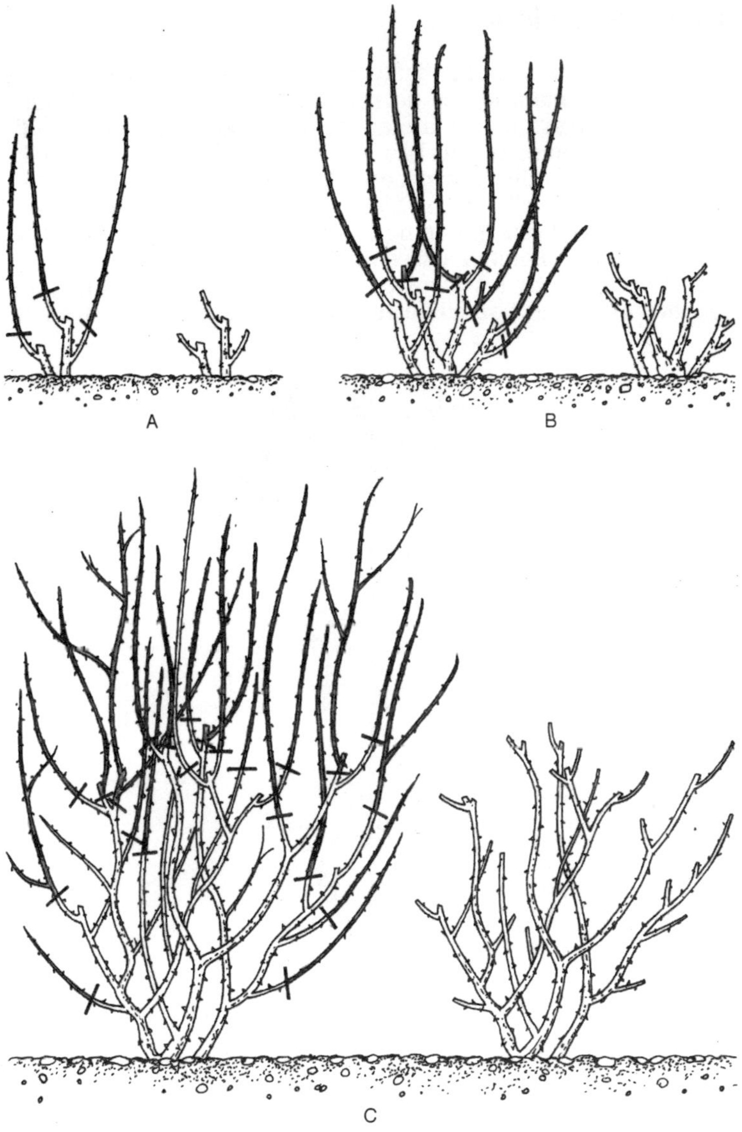

Fig. 119. Les tailles doivent être adaptées à la vigueur des Rosiers.
A - Taille classique du Rosier nain.
B - Taille d'un Rosier buisson.
C - Taille d'un Rosier vigoureux (Rosier arbustif).

• La taille de juillet

Après une floraison abondante en juin, les Rosiers marquent toujours un certain temps de repos. Au cours de la première floraison, dès qu'une rose est fanée, on coupe la tige qui la porte quelques centimètres plus bas, au-dessus de la première feuille entière (c'est-à-dire composée d'au moins cinq folioles) et portant à son aisselle un œil bien constitué. Le Rosier ainsi taillé ne tardera pas à émettre de nouvelles pousses florifères, surtout s'il est convenablement arrosé et fumé.
Si l'on veut utiliser les roses comme fleurs coupées, il faut les récolter avec une tige suffisamment longue, mais on aura tou-

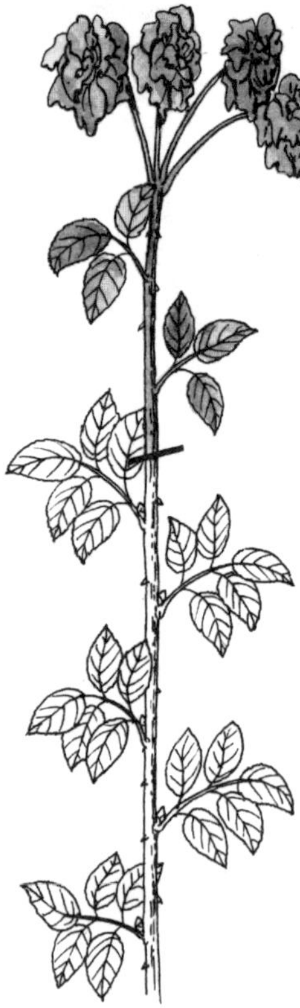

Fig. 120. Suppression des fleurs fanées du Rosier.
La coupe doit être pratiquée au-dessus d'une feuille complète (5 folioles).

jours intérêt à couper la tige au-dessus d'une feuille complète (c'est-à-dire avec au moins cinq folioles) portant à sa base un œil bien constitué. Souvent les feuilles de la base sont incomplètes et les yeux latents à leur aisselle, plus ou moins indifférenciés, ne sont pas aptes à produire de nouveaux rameaux.

Si on cueille en même temps que la rose toute la tige qui la supporte, il y a annulation de cette ramification. Cela n'a pas une grande importance sur un Rosier se ramifiant beaucoup, surtout si la pousse considérée, insérée loin du pied, est destinée à disparaître lors de la taille de fin d'hiver. Il n'en est plus de même évidemment si la pousse en question se trouve bien située pour la taille de l'année suivante, c'est-à-dire assez près du pied.

Fig. 121. Cueillette d'une Rose pour la fleur coupée. Coupe au-dessus d'une feuille complète (5 folioles).

Les Rosiers nains polyanthas

Ces Rosiers nains à petites fleurs en bouquets sont intéressants en raison de la propriété qu'ils ont de fleurir à la belle saison. En général, les premières fleurs sont issues de pousses résultant des yeux portés par les rameaux conservés. Les fleurs plus tardives sont produites par des pousses vigoureuses qui se développent près du pied, ou même sous terre, constituant de véritables drageons. En conséquence, la taille de fin d'hiver sera pratiquée très court, afin de maintenir l'arbuste assez petit. Toutefois, comme nous l'avons déjà indiqué, les variétés vigoureuses seront taillées un peu, les yeux de la base étant moins rapprochés. On obtiendra ainsi une succession régulière d'inflorescences bien fournies.
On greffe parfois les Polyanthas sur tige d'Églantier, mais la tête obtenue n'est pas toujours très solide, et il faut la tailler assez long, afin d'assurer un appel de sève suffisant et d'éviter le drageonnement de l'Églantier.

Les Rosiers tige et demi-tige

Ces Rosiers appartiennent aux mêmes variétés que les précédents, et tout ce que nous avons dit à leur sujet est applicable ici.

• La taille de formation

Nous partons d'un Rosier greffé l'année précédente et ayant déjà formé des branches. Le but à atteindre est de constituer une tête suffisamment ramifiée, généralement en forme de vase. En conséquence, dès que les rameaux atteignent une vingtaine de centimètres, on les taille à 10 cm afin de les faire bifurquer, et ainsi de suite. Les pousses qui prennent une mauvaise direction sont supprimées à la base.

• La taille d'entretien

Par la suite, la taille de fin d'hiver et la taille de juillet se pratiquent exactement dans les mêmes conditions que pour les Rosiers nains. Il faut se souvenir qu'une taille sévère donne des roses volumineuses mais en petit nombre, alors qu'une taille longue est le gage d'une floraison abondante. En revanche, une taille trop longue risque d'agrandir exagérément la tête et facilite l'emballement des branches fortes aux dépens des faibles.

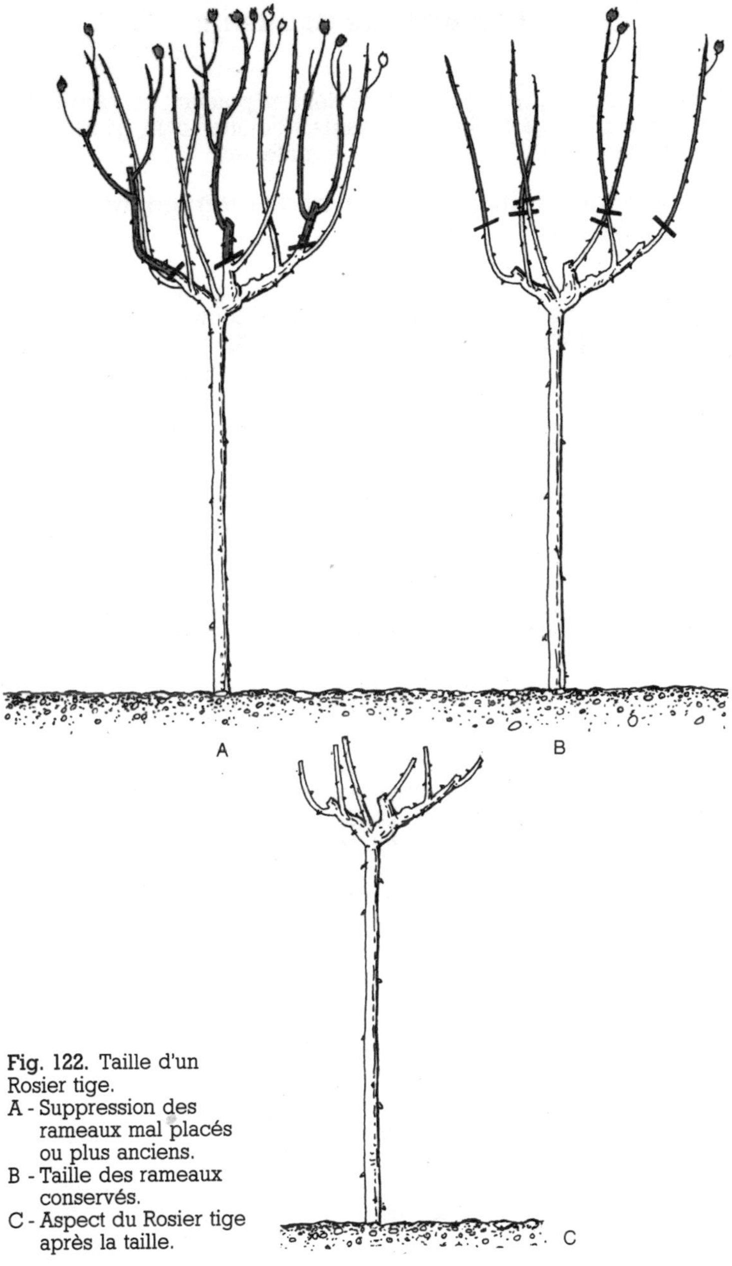

Fig. 122. Taille d'un Rosier tige.
A - Suppression des rameaux mal placés ou plus anciens.
B - Taille des rameaux conservés.
C - Aspect du Rosier tige après la taille.

Les Rosiers arbustifs

Il existe un très grand nombre de Rosiers pouvant constituer des buissons plus ou moins importants, toujours d'un grand effet ornemental. Nous les classerons comme suit.

• Hybrides de Rosiers-thé, hybrides remontants, Pernetianas

Les variétés vigoureuses appartenant à ces types gagnent à recevoir une taille plus longue que celle décrite précédemment. En outre, on peut éviter de revenir chaque hiver sur le vieux bois, comme nous l'avions indiqué. Dans ces conditions, le Rosier prend au bout de quelques années l'aspect d'un petit arbuste pouvant atteindre (une fois taillé) de 40 à 50 cm de haut.
La taille de ces petits arbustes consiste à supprimer chaque année, au début du printemps, les rameaux mal dirigés ou trop serrés les uns contre les autres. Les rameaux conservés sont taillés à une longueur de 6 à 15 cm. En général, il ne faut pas chercher à éviter trop le centre, mais plutôt à constituer une sorte de boule.
Ces Rosiers arbustifs conviennent particulièrement pour être placés en isolés sur les pelouses ou même constituer de petites haies libres du meilleur effet.

• Rosiers du Bengale, Bourbons et analogues

Ces Rosiers, très vigoureux et poussant sans interruption pendant toute la belle saison, doivent être formés en petits buissons, de 50 cm à 1 m de hauteur. La taille consiste tout bonnement à régulariser et à simplifier la touffe en fin d'hiver.
Comme ces Rosiers donnent souvent des rejets vigoureux, on peut profiter de leurs vieilles branches, ce qui équivaut à un rajeunissement de la charpente. Au cours de l'été, il faudra éliminer régulièrement les fleurs fanées pour assurer une floraison automnale prolongée. Le cas échéant, on supprimera aussi de nouvelles pousses mal placées ou trop divergentes.

• Rosiers rugueux et analogues

Il s'agit là de grands buissons pouvant atteindre 2 m et plus de hauteur. La taille que l'on fait en fin d'hiver n'a plus d'autre but que d'éviter une trop grande extension de l'arbuste et aussi d'empêcher celui-ci de se ramifier à l'extrême, ce qui nuirait à la beauté des fleurs et faciliterait le développement de certains parasites.

Bien entendu, cette taille aura la valeur d'un rajeunissement, c'est-à-dire que, dans la mesure du possible, on sacrifiera les plus vieilles branches au profit des jeunes. De toute façon, on devra se souvenir que ces Rosiers arbustifs se taillent assez peu, afin d'en obtenir le maximum d'effet, en isolés, en groupes ou en haies décoratives et défensives.

Les Rosiers grimpants à grandes fleurs

Ces Rosiers, hybrides de Rosiers-thé, hybrides remontants, Pernetianas, etc., sont tous plus ou moins remontants. Ils garnissent admirablement murs, pergolas, treillages... Leur taille, qui doit avoir lieu à la fin de l'hiver, est représentée schématiquement sur le dessin ci-dessous.
On commence par supprimer les plus vieilles branches dans la mesure où il existe de jeunes rameaux vigoureux pour les remplacer. Les branches ou longs sarments que l'on conserve ne sont pas raccourcis, ou très peu, mais il faut les palisser en les arquant un peu et en les abaissant, afin que la végétation de l'année, en s'élevant, garnisse bien tout le treillage ou le support.

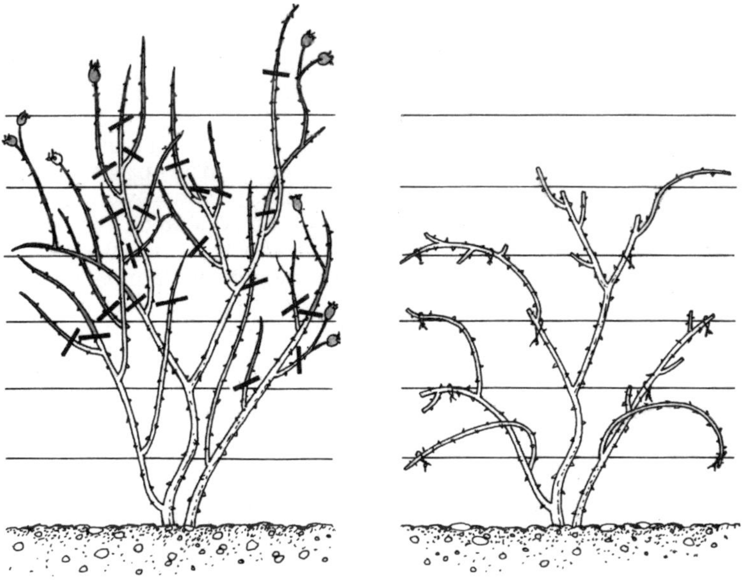

Fig. 123. Taille d'un Rosier grimpant, puis palissage en arcure.

Lorsque les branches conservées portent quelques faibles pousses (ayant déjà fleuri ou non), on taille ces dernières à trois ou quatre yeux, afin qu'elles puissent de nouveau donner naissance à des pousses florifères.
Pendant l'été, on peut rabattre les pousses ayant fleuri à la moitié de leur longueur, mais, bien souvent, on les laisse telles quelles, afin de garnir le plus possible le support.
Des palissages et pincements sont utiles afin de régulariser l'extension et la répartition des pousses. Ils doivent être exécutés au cours de la belle saison en fonction de la végétation du Rosier.

Les Rosiers grimpants remontants à petites fleurs en bouquets

Ces Rosiers remontants doivent être taillés selon les principes exposés au sujet des remontants à grandes fleurs. On les taille par conséquent à la fin de l'hiver et non en juillet.

Les Rosiers grimpants non remontants

Ces Rosiers sont en général très vigoureux et très appropriés à la décoration des pylônes, pergolas, portiques. Ils ne se plaisent pas le long des murs trop ensoleillés. Leur abondante floraison de juin constitue dans les jardins un spectacle incomparable, mais malheureusement assez peu durable. Qu'ils appartiennent au groupe des Wichuraiana ou au groupe des hybrides de Multiflora, tous ces Rosiers ont un mode de végétation analogue.
Les bouquets de fleurs sont portés par des tiges de 20 à 40 cm de longueur, qui naissent sur des rameaux de l'année précédente ou des années antérieures. Si on les abandonne à elles-mêmes, les tiges florifères se dessèchent partiellement, et leurs yeux de base peuvent donner de nouvelles tiges et bouquets l'année suivante.
Un autre caractère de ces Rosiers est d'émettre chaque année près de leur base un certain nombre de sarments vigoureux, qui, très vite, peuvent atteindre 3 m et plus de longueur.
On effectue habituellement la taille de ces Rosiers en juillet, après la floraison : si le nombre de rejets obtenus dans l'année est suffisant, on peut supprimer intégralement toutes les branches ayant fleuri. Pour y parvenir, il faut souvent défaire le palissage du Rosier et on repalisse ensuite convenablement les rejets conservés qui fleuriront l'année suivante.

Fig. 124.
A - Première floraison d'un Rosier grimpant non remontant.
La taille consiste à supprimer les bouquets de fleurs fanées.

Afin d'obtenir des fleurs uniformément réparties sur toute la longueur d'un tuteur ou d'un pylône, on pourra tailler les branches conservées à des longueurs différentes. En effet, les tiges florifères se formeront plus nombreuses vers le sommet de chacune des branches, quelle que soit leur longueur.
On peut également régulariser la répartition de la sève en gênant sa tendance naturelle à se porter vers les extrémités. A cette fin, on tord les branches en spirale autour de leur support.
La taille d'été que nous venons de décrire est habituellement la seule pratiquée sur ces Rosiers grimpants non remontants. Il n'y a donc pas de taille en fin d'hiver.
Dans ce qui précède, nous avons supposé que le Rosier est assez vigoureux pour émettre chaque printemps un certain nombre de rejets de remplacement. C'est le cas général, mais il n'en est pas toujours ainsi. Lorsque les rejets manquent, il faut absolument

B - La seconde année les rameaux se sont développés et outre la suppression des fleurs fanées la taille consistera à rabattre le sommet de la tige principale **a** pour bénéficier du jeune rameau **b** qui s'est développé à la base du Rosier.
Ce jeune rameau est en quelque sorte un rameau de remplacement.

conserver les anciennes branches. En pareil cas, il suffit de tailler les pousses florifères à deux ou trois yeux de la base. On constitue ainsi de véritables coursonnes capables de donner de nouvelles pousses florales, mais il est bien entendu que ces Rosiers peu vigoureux donnent rarement une floraison parfaite. Il convient d'observer que, dans ce dernier cas, la taille peut être faite seulement à la fin de l'hiver, quitte à procéder à l'enlèvement des bouquets flétris en juillet. Au contraire, sur les Rosiers vigoureux ayant assez de rejets pour permettre la suppression des vieilles branches, il est préférable de tailler en juillet, afin de permettre aux branches conservées de prendre davantage de force et de développement en fin de saison.

Les Rosiers parapluie

Ce n'est pas à proprement parler un type de Rosiers, mais tout simplement une appellation que l'on donne à des Rosiers aptes à garnir un support spécial simulant une grosse armature de parapluie. Ces Rosiers sont obtenus en greffant un grimpant sur une tige d'Églantier. La taille s'exécute comme pour les grimpants, c'est-à-dire en supprimant les plus vieilles branches et en palissant les autres le plus régulièrement possible sur le support. Les rameaux trop longs seront raccourcis de manière à ne dépasser que d'une quinzaine de centimètres l'anneau extérieur du support.

Fig. 125. Rosier parapluie sur son support.

Les Rosiers pleureurs

On obtient ces Rosiers en greffant un grimpant non remontant au sommet d'une haute tige d'Églantier. La greffe peut être exécutée en écusson, comme pour former les Rosiers tiges ordinaires, ou bien en fente. Les tiges longues et flexibles du sujet retombent élégamment en donnant l'aspect d'un arbuste pleureur.
La taille s'exécute en juillet, après floraison, exactement comme indiqué précédemment, c'est-à-dire en supprimant radicalement les branches ayant fleuri et en conservant toute leur longueur (ou presque) aux jeunes rejets vigoureux. Lorsque l'arbuste se trouve irrégulièrement éclairé, on observe que toutes les jeunes branches se dirigent du même côté : il faut alors les diriger afin de conserver une certaine symétrie.
Pour ces Rosiers aussi, si la vigueur manque, on pourra conserver quelques branches de l'année précédente, en taillant leurs petites ramifications à trois ou quatre yeux, soit en juillet, soit de préférence à la fin de l'hiver.

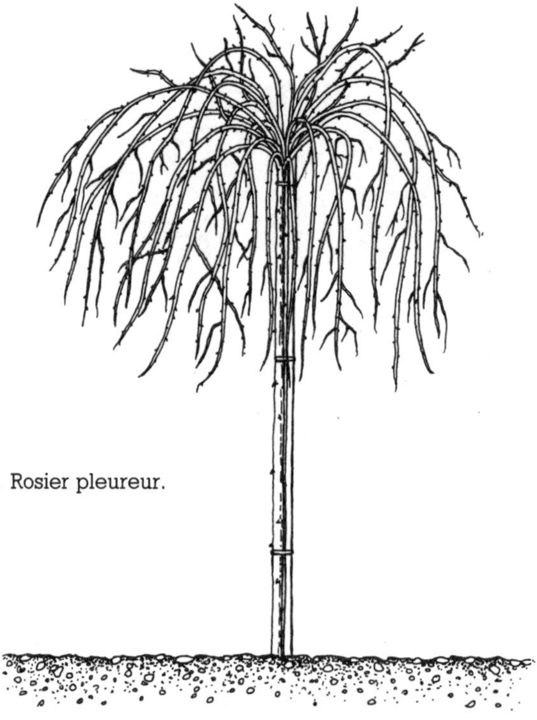

Fig. 126. Rosier pleureur.

Les Rosiers pour pots et jardinières

Ce sont des Rosiers miniatures de 30 à 50 cm de hauteur au maximum. Très florifères, ils produisent des petites roses en abondance.
Pour les variétés classiques, la taille est similaire à celle des Rosiers buissons à grandes fleurs, mais les nouveautés telles que les Meillandinas ne se taillent pratiquement pas ; il faut plutôt parler d'un léger nettoyage et d'un pincement sommaire des branches qui ont tendance à trop s'allonger.

La taille des Rosiers à la plantation

Les Rosiers doivent toujours être taillés fin mars-début avril suivant leur plantation. Le Rosier, malgré sa grande aptitude à former des racines, pousse moins vigoureusement lorsqu'on vient de le transplanter. Les tiges formées la première année sont moins longues, et les fleurs moins grosses que celles poussant ultérieurement. En ne taillant pas, les tiges existantes suppléeraient à l'insuffisance des nouvelles pousses qui, par ailleurs, seraient plus nombreuses. Le Rosier occuperait ainsi dès la première année un espace normal. S'il est destiné à remplacer un manquant dans une plantation existante, le vide serait tout de suite comblé.
Mais cette façon de faire présente des risques. Tout d'abord, l'hiver suivant, il faudrait tailler sur des tiges de deux ans, dont les yeux latents seraient plus ou moins aptes à pousser et à donner des roses. Ensuite, l'effet obtenu en première année dépendrait essentiellement de la reprise. En général, le Rosier s'enracine très vite, mais si, par hasard, le sol est sec, ou la plante un peu fatiguée par la transplantation, il peut arriver que l'absence de taille, en facilitant l'évaporation, cause le dessèchement et la perte du Rosier.
L'amateur qui tient avant tout à conserver ses Rosiers fera donc bien de tailler lors du printemps suivant la plantation. Cette taille est encore plus nécessaire pour les Rosiers grimpants qui émettront après elle un petit nombre de jets vigoureux, au lieu d'un grand nombre de petites pousses faibles, incapables de former une nouvelle charpente.

LES PLANTES POTAGÈRES

Un certain nombre de plantes herbacées, ordinairement classées comme légumes, gagnent à être soumises à la taille, ou plus exactement à des pincements en cours de végétation. Nous allons envisager les quelques cas les plus courants en culture d'amateur.

L'Aubergine

• La taille

La taille ne peut contribuer à la bonne réussite de l'Aubergine que si cette plante se trouve en conditions convenables, c'est-à-dire en terre riche et fraîche sous un climat suffisamment chaud.
Au moment de la mise en place des plantes, on prend soin de supprimer au greffoir les pousses qui se montrent au collet et à l'aisselle des premières feuilles. En ne conservant ainsi que la tige principale, on évite l'épuisement de l'Aubergine par ces ramifications de base peu fertiles.

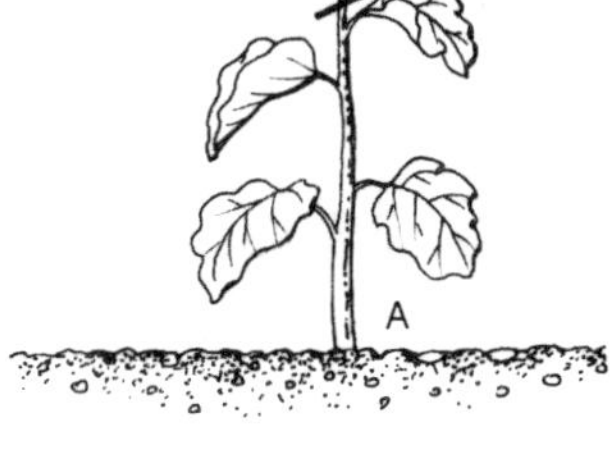

Fig. 127. Taille de l'Aubergine.
A - Pincement.

Taille de l'Aubergine (suite).
B - Deuxième taille après formation des fleurs.

La tige principale s'allonge rapidement et donne un, puis deux groupes de fleurs. On pince alors cette tige principale et, à ce moment, on peut déjà constater la présence, au voisinage des fleurs, de trois ou quatre bras latéraux, qui, à la faveur du pincement, vont s'allonger et fleurir à leur tour. On pince de même ces branches au-dessus de deux fleurs ou groupes de fleurs. La plante porte alors un total de huit à dix fruits en formation, chiffre que l'on doit considérer comme un grand maximum pour le plein air, et qu'il vaut mieux réduire à cinq en culture forcée sur couche.

• L'ébourgeonnement

Par la suite, il y a lieu de procéder régulièrement à des ébourgeonnements pour limiter le nombre des pousses nouvelles improductives et empêcher un détournement de sève aux dépens des fruits.

Le Melon

• Le mode de végétation

Abandonné à lui-même sous un climat convenable, le Melon produit une tige principale vigoureuse qui s'allonge rapidement.

A l'aisselle de chaque feuille apparaît bientôt une tige secondaire plus grêle. Ces tiges secondaires sont d'ailleurs d'autant plus faibles qu'elles sont plus éloignées du pied. C'est à l'aisselle des feuilles portées par ces ramifications que se produisent les fleurs. Les premières qui apparaissent sont toujours des fleurs mâles, c'est-à-dire pourvues uniquement d'étamines. Des fleurs femelles apparaissent ensuite ; on les reconnaît à la présence, au-dessous de la corolle, d'un renflement velu qui est l'ébauche du fruit.
Il semble que ces fleurs femelles ne soient capables de se former, et surtout de nouer, que si le sujet est déjà muni d'un assez grand nombre de feuilles, permettant une bonne assimilation. A ce moment, le nombre de ramifications formées est déjà important, et chacune d'elles est capable de donner un ou deux fruits, qui ensuite évoluent lentement.
Autrement dit, à l'état naturel, le Melon produit très tardivement un grand nombre de fruits petits. Sous un climat froid, il peut arriver qu'aucun de ces fruits ne parvienne à maturité. Telles sont les « tendances » que la taille doit chercher à corriger.

• La taille classique

Elle consiste à pincer deux ou trois fois les extrémités des rameaux pour obtenir un certain nombre de ramifications secondaires, puis tertiaires, et même quaternaires, toutes de force sensiblement égale. On arrive ainsi, dans un délai minimum, à diviser la sève entre un certain nombre de ramifications dont la vigueur, ni trop forte, ni trop faible, correspond aux meilleures conditions de mise à fruits et de bonne répartition de la sève.
Par la suite, les fruits étant noués, on n'en conserve qu'un ou deux par pied, et on procède à des pincements et ébourgeonnements afin d'assurer un bon éclairement des parties conservées et de maintenir la plante sur la surface minimale indispensable pour assurer la bonne évolution des fruits.

• Comment procéder à la taille du Melon

Lorsque le plant a trois ou quatre feuilles vraies (c'est-à-dire sans compter les cotylédons), il faut supprimer par temps sec les deux cotylédons et tailler la jeune plante au-dessus des deux feuilles de base. Cette dernière opération s'appelle l'« étêtage » et constitue la première taille. Bien souvent, à ce stade, les plants de Melon se trouvent encore en godets, en pépinière, et sur le point d'être plantés. L'étêtage peut du reste se faire lors de la mise en place.
Voir figure 128, page suivante.

Après cette première taille, le jeune plant émet deux rameaux secondaires à partir des yeux stipulaires situés à la base des deux feuilles conservées. Ces rameaux se développent d'autant plus rapidement que le jeune plant, récemment mis en place, trouve un sol riche et frais et bénéficie d'une température suffisamment clémente.

Afin d'obtenir des tiges fortes et trapues, les rameaux seront pincés au-dessus de la troisième feuille dès que la cinquième est apparue. Ce pincement constitue la deuxième taille.

Chacune de ces branches produit à son tour trois nouvelles branches qui ne tardent pas à porter un certain nombre de fleurs mâles. Ces nouvelles branches sont coupées comme les précédentes, au-dessus de la troisième feuille dès que la cinquième commence à se développer. Il apparaît alors une quantité de petits rameaux portant des fleurs mâles et des fleurs femelles. Lorsque ces dernières sont nouées, c'est-à-dire fécondées, et que les petits Melons commencent à grossir, il faut couper l'extrémité des rameaux en ne laissant qu'une ou deux feuilles au-dessus des jeunes fruits. C'est la quatrième taille.

Fig. 128. Première taille du Melon. Suppression des cotylédons et « étêtage ».

Fig. 129. Deuxième taille du Melon.

Peu de temps après, on ne laisse que de deux à quatre fruits sur chaque plante afin qu'ils puissent se développer normalement. On donne la préférence à ceux qui sont les plus avancés et les plus rapprochés du pied. Ce sont ceux qui donneront les plus beaux Melons. Ensuite, il suffit de supprimer les forts rameaux qui poussent avec une vigueur excessive à travers la plante.

Fig. 130. Troisième taille du Melon (ou taille de fructification).

Fig. 131. Quatrième taille du Melon.
C'est le pincement après la mise à fruit.

Depuis peu, il est apparu de nouvelles variétés aptes à fructifier pratiquement sans taille. Seul l'étêtage est indispensable pour assurer le départ des premières ramifications.

Fig. 132. Taille unique applicable à certaines nouvelles variétés de Melon.

La Tomate

Les variétés cultivées autrefois nécessitaient une véritable taille pour assurer une production correcte. En effet, abandonnée à elle-même, la Tomate donne tout d'abord une tige unique. Puis les bourgeons situés à l'aisselle des feuilles donnent des tiges latérales dont le développement arrive à égaler celui de la tige centrale. Il en résulte une sorte de petit buisson. Chaque tige fournit toutes les deux ou trois feuilles un bouquet de fleurs et, lorsque la végétation est vigoureuse, les premiers bouquets avortent généralement. Ceux qui viennent ensuite donnent des Tomates d'autant plus petites qu'ils apparaissent plus tardivement.

La taille a pour but de limiter l'expansion de la plante et de faciliter la fécondation des premières fleurs afin d'obtenir des fruits précoces et suffisamment volumineux.

• La taille à tige unique

Cette taille convient pour les variétés précoces ou peu vigoureuses. Chaque pied étant muni d'un tuteur, on supprime toutes les pousses latérales au fur et à mesure qu'elles apparaissent, et on palisse la tige unique qui a été conservée.
Le premier bouquet de fleurs apparaît en moyenne au niveau de la cinquième ou sixième feuille ; un deuxième bouquet se forme deux feuilles plus haut, puis un troisième apparaît. On procède alors à une première taille immédiatement au-dessus de ce troisième bouquet.
Cette taille a pour but d'interrompre momentanément la végétation et d'assurer ainsi la fécondation. Le bourgeon situé à l'aisselle de la plus haute feuille ne tarde pas à donner un nouveau prolongement, qui sera lui-même taillé au-dessus de deux ou trois grappes.

• La taille à deux tiges

Cette taille convient aux variétés vigoureuses, dont on n'exige pas une récolte très hâtive. Elle consiste en somme à créer ce que nous appelons en arboriculture un U.
L'obtention du U se fait d'ailleurs selon les mêmes principes. Le pied taillé à une hauteur de 15 cm environ donne facilement deux belles pousses qu'on palisse sur un ou deux tuteurs. A chaque pousse, on laisse trois bouquets avant de procéder à la taille. Bien entendu, les pousses latérales sont supprimées entre-temps.
Généralement, après cette taille à trois bouquets on exécute les tailles suivantes tous les deux bouquets seulement.

Maintenant, on ne taille pratiquement plus la Tomate comme nous venons de le décrire, car, avec la vigueur des variétés nouvelles et surtout celle des hybrides, la taille n'est plus nécessaire. En revanche, **l'ébourgeonnage** demeure indispensable : il consiste à supprimer toutes les pousses qui se développent à l'aisselle des feuilles pour permettre une concentration de la sève dans la tige principale et les grappes de fruits.
Voir figure 133, page suivante.

Après la formation du troisième ou quatrième bouquet de fleurs, (quatrième ou cinquième pour les variétés hybrides F 1), il convient de procéder à **l'étêtage** de la plante pour arrêter la végétation et permettre le grossissement de tous les fruits. Il suffit de couper le sommet de la tige principale une à deux feuilles au-dessus du dernier bouquet.
Voir figure 134, page suivante.

Fig. 133. Ébourgeonnage de la Tomate.

Fig. 134. Étêtage (ou pincement) de la Tomate pour arrêter sa croissance.

• L'effeuillage de la Tomate

Bien qu'ayant quelques scrupules à en parler dans un ouvrage consacré à la taille, nous n'avons pas voulu éluder ce sujet dont l'efficacité pour hâter la maturation des fruits est très controversée. C'est en effet une erreur de croire que la suppression des feuilles fait grossir les fruits, car les feuilles jouent un rôle d'assimilation très important. D'autre part, la Tomate rougit très bien à l'ombre.

Cependant, et surtout en fin de saison, il est recommandé de supprimer les feuilles du bas de la plante pour éviter qu'au contact du sol elles ne favorisent le développement de maladies.

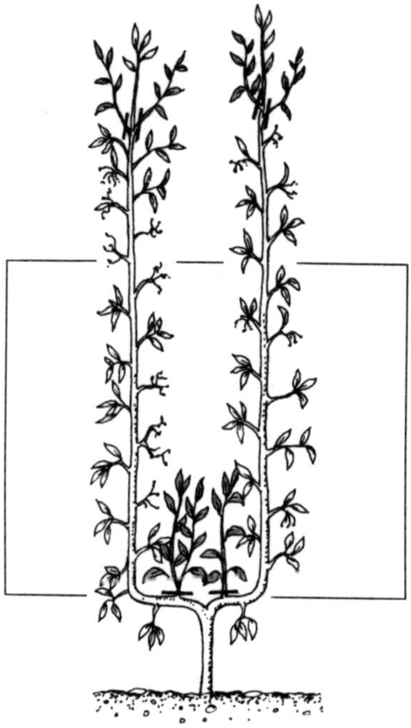

CONCLUSION

Ces quelques considérations sur la « taille » des plantes potagères terminent cet ouvrage.

Nous ne prétendons pas avoir abordé **tous** les cas qui peuvent se présenter suivant les caprices de Dame Nature. Nous avons voulu être suffisamment clair et précis pour démythifier un peu cet art difficile qui est celui de la taille, et pour que tout un chacun puisse facilement tirer le meilleur parti de ses arbres et arbustes, qu'ils soient fruitiers ou d'ornement.

Certains regretteront peut-être que nous n'ayons pas abordé les méthodes de taille appliquées dans les cultures commerciales, mais ce n'était pas notre propos. Nous avons voulu que ce livre reste un ouvrage d'amateur et qu'il ne rebute pas les nouveaux venus au jardinage. C'est principalement à leur intention que nous avons d'ailleurs multiplié les dessins pour aider à une meilleure compréhension des textes.

D'autres s'étonneront qu'il ne soit question que de la taille, mais c'est un sujet suffisamment vaste qui méritait d'être traité seul.

La préparation du sol, la plantation, le choix des variétés et des porte-greffes, les traitements influent aussi beaucoup sur le développement d'un arbre ou d'un arbuste, et nous vous invitons à consulter un autre ouvrage de Georges Truffaut qui traite de tous ces sujets : il s'agit de *Comment on soigne son jardin*, également édité chez Bordas.

Légendes des hors-texte

ph. 1	Un Poirier en fuseau. Cette forme remplace de plus en plus le gobelet d'autrefois.
ph. 2	Poirier en gobelet au printemps.
ph. 3	Un Poirier en palmette Verrier. C'est une des formes idéales pour contre-espalier en jardin d'amateur.
ph. 4	Poiriers en losange au moment de la floraison.
ph. 5	Un Pommier conduit en arcure Lepage en hiver.
ph. 6	Pommier en arcure Lepage au printemps.
ph. 7	Un Pommier en palmette Verrier en production.
ph. 8	Un Pommier en gobelet.
ph. 9 et 10	Le moment de la récolte : Bigarreaux (en haut) et Reine des Vergers (en bas).
ph. 11	Cerisier de plein vent. Cette forme exige un grand volume et on ne la trouve plus guère dans les petits jardins de nos maisons d'aujourd'hui.
ph. 12	La floraison des « bouquets de mai » du Cerisier.
ph. 13	Une haie de Thuya particulièrement bien taillée.
ph. 14	Une magnifique treille en plein rapport. C'est une façon originale de garnir utilement une pergola à proximité de la maison.
ph. 15	Une haie parfaitement taillée en limite de propriété. À l'extrémité un Tamaris brise la rigueur de l'ensemble par son volume et sa note de couleur.
ph. 16	Une haie dite « libre » constituée d'arbustes à feuillage coloré. La taille consiste à raccourcir au sécateur les branches qui ont tendance à sortir du volume que l'on s'est imposé.
ph. 17	Magnifique floraison d'un Rosier grimpant non remontant. Ici « Américan Pilar ». À tailler après la floraison.
ph. 18	Un Rosier grimpant brise harmonieusement la monotonie de cette clôture.
ph. 19	Un Rosier pleureur dans un jardin paysager.
ph. 20	Magnifique floraison estivale du Céanothe (arbuste à tailler en hiver).

Principales espèces citées

Index

Imprimerie Hérissey - Évreux - N° 64452
Imprimé en France